教科書ワーク
もくじ

教育出版版
漢字3年

【イラスト】クリエイティブ・ノア、たかはしかず、TICTOC、和田かおり

きほんのワーク

白い花びら「発見ノート」

◆「読み方」の赤い字は教科書でつかわれている読みです。●はまちがえやすい漢字《かん》です。

教科書 上14～33ページ

べんきょうした日 月 日

白い花びら

16ページ

開 もんがまえ 開

下を長く はねる とめる はらう とめる

読み方
カイ
ひらく・ひらける
あく・あける

つかい方
開始《かいし》・開場《かいじょう》・開会式《かいかいしき》
戸が開《ひら》く・まどを開《あ》ける

12画

同じ読み方の漢字《かん》。
開《あ》ける れい 戸を開ける。店を開ける。
空《あ》ける れい 家を空ける。せきを空ける。
明《あ》ける れい 夜が明ける。年が明ける。

16ページ

返 しんにょう しんにゅう 返

一画 はらう

読み方
ヘン
かえす・かえる

つかい方
返事《へんじ》・返答《へんとう》
たなに返《かえ》す・ふり返《かえ》る

7画

17ページ

事 はねぼう 事

長く はねる

読み方
ジ・(ズ)
こと

つかい方
返事《へんじ》・事実《じじつ》・大事《だいじ》
事《こと》がら・出来事《できごと》

8画

17ページ

動 ちから 動

はねる

読み方
ドウ
うごく・うごかす

つかい方
動物《どうぶつ》・動作《どうさ》・自動車《じどうしゃ》
車が動《うご》く・体を動《うご》かす

11画

17ページ

物 うしへん 物

とめる はねる

読み方
ブツ・モツ
もの

つかい方
動物《どうぶつ》・人物《じんぶつ》・作物《さくもつ》
物語《ものがたり》・宝物《たからもの》

8画

17ページ

乗　のはらいぼう

乗

一番長く
はらう
とめる

読み方

ジョウ
のる・のせる

つかい方

乗客《じょうきゃく》・乗用車《じょうようしゃ》
車に乗《の》る・客《きゃく》を乗《の》せる

9画

18ページ

登　はつがしら

登

はらう
長く

読み方

トウ・ト
のぼる

つかい方

登場《とうじょう》・登校《とうこう》・登山《とざん》
山に登《のぼ》る

12画

18ページ

主　てん

主

一番長く

読み方

シュ・(ス)
ぬし・おも

つかい方

主人公《しゅじんこう》・主語《しゅご》
地主《じぬし》・主《おも》な作品《ひん》

5画

30ページ

橋　きへん

橋

はらう
とめる
はねる

読み方

キョウ
はし

つかい方

歩道橋《ほどうきょう》
橋《はし》をわたる・小さな橋《はし》

16画

30ページ

岸　やま

岸

はらう
下を長く

読み方

ガン
きし

つかい方

海岸《かいがん》・湖岸《こがん》・対岸《たいがん》
川岸《かわぎし》・みずうみの岸《きし》

8画

「発見ノート」

同じ読み方で形のにている漢字。

岸（ガン）　れい　海岸
岩（ガン）　れい　岩石

下の部分《ぶ》に気をつけよう。

32ページ

発　はつがしら

発

はらう
下を長く
はらう
はねる

読み方

ハツ・(ホツ)
―

つかい方

発見《はっけん》・発表《はっぴょう》・発明《はつめい》

9画

32ページ

予　はねぼう

予

長く
はねる

読み方

ヨ
―

つかい方

予想《よそう》・予算《よさん》・予定《よてい》

4画

ものしりメモ
漢字は、でき方を知るとおぼえやすいよ。
「動」は「重」＋「力」からできているね。「重《おも》いものを力で動かす」とおぼえよう。

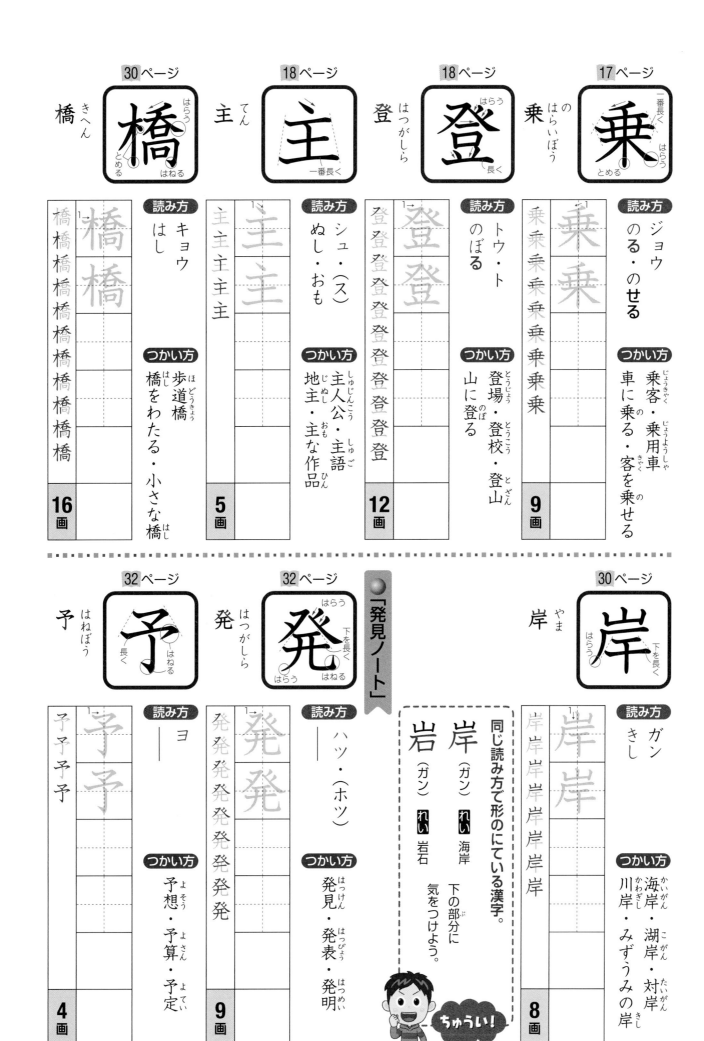

想 こころ（32ページ）

想（とめる・とめる・まげる・はねる）

読み方
ソウ・（ソ）
―

つかい方
予想《よそう》・感想《かんそう》・空想《くうそう》

13画

調 ごんべん（32ページ）

調（はらう・はねる）

読み方
チョウ
しら**べる**
（ととの**う**）（ととの**える**）

つかい方
調節《ちょうせつ》・調子《ちょうし》・体調《たいちょう》
よく調《しら》べる

15画

葉 くさかんむり（33ページ）

葉（長く・はらう・とめる）

読み方
ヨウ
は

つかい方
子葉《しよう》・落葉《らくよう》・言葉《ことば》・木の葉《は》

12画

表 ころも（33ページ）

表（長く・はらう）

読み方
ヒョウ
おもて
あらわ**す**・あらわ**れる**

つかい方
発表《はっぴょう》・表紙《ひょうし》・表《おもて》に出す
顔に表《あらわ》す・心が表《あらわ》れる

8画

由 た（33ページ）

由（つき出す・つき出さない）

読み方
ユ・ユウ・（ユイ）
（よし）

つかい方
由来《ゆらい》・理由《りゆう》・自由《じゆう》

5画

温 さんずい（33ページ）

温（つき出す）

読み方
オン
あたた**か**・あたた**かい**
あたた**まる**・あたた**める**

つかい方
体温《たいおん》・気温《きおん》・温《あたた》かい心
牛にゅうを温《あたた》める

12画

新しい読み方をおぼえる漢字《かん》

ページ	漢字	言葉
17ページ	返《ヘン》	返事《へんじ》
21	動《うごく》	動《うご》く
24	開《あける》	開《あ》ける
28	登《トウ》	登場《とうじょう》
28	物《もの》	物語《ものがたり》
33	調《チョウ》	調節《ちょうせつ》
33	表《ヒョウ》	発表《はっぴょう》

とくべつな読み方の言葉

ページ	言葉	読み
25	今日	きょう

ものしりメモ
「葉」は、「艹」の部分のひつじゅんにちゅういしよう。「一十廾廾廾」のじゅんに五画で書くよ。二画めと四画めをつづけて書かないようにしようね。

一 登場人物の行動をとらえて、お話の気に入ったところを見つけよう

練習のワーク

白い花びら 「発見ノート」

教科書 上14～33ページ

答え 1ページ

べんきょうした日　月　日

1 新しい漢字《かん》を読みましょう。

① 14ページ 目を大きく 開（　　）く。

② 女の子がふり 返（　　）る。

③ あわてて 返事（　　）をする。

④ 動物（　　）のように見える岩。

⑤ 馬の 乗（　　）りごこち。

⑥ 登（　　）るのにくろうする。

⑦ たびをする 主人公（　　）。

⑧ 体が 動（　　）く。

⑨ 目を大きく 開（　　）ける。

⑩ 今日（　　）のこと。

⑪ 登場（　　）人物の行動。

⑫ 物語（　　）を書く。

⑬ 橋（　　）のたもと。

⑭ 川岸（　　）の木。

⑮ 32ページ 新しいことを 発見（　　）する。

⑯ できごとを 予想（　　）する。

⑰ 本で 調（　　）べる。

⑱ みじかい 言葉（　　）でまとめる。

⑲ ないようを 表（　　）す見出し。

⑳ 毛づくろいをする 理由（　　）。

㉑ 体温（　　）が上がる。

㉒ 力を調節《せっ》する。（　　）

㉓ スピーチで発表する。（　　）

ここからはってん

✿㉔ ひみつの事がら。（　　）

✿㉕ 作物をそだてる。（　　）

✿㉖ 登山を楽しむ。（　　）

✿㉗ 海岸ですなあそびをする。（　　）

✿㉘ 気持《も》ちが表に出る。（　　）

✿㉙ 地名の由来を聞く。（　　）

✿㉚ 温かいスープをのむ。（　　）

2 新しい漢字《かん》を書きましょう。〔　〕は、おくりがなも書きましょう。

① 14ページ ドアを〔　　〕《ひらく》。

② 後ろをふり〔　　〕《かえる》。

③ 大きな声で□□《へんじ》をする。

④ かわいい□□《どうぶつ》。

⑤ 電車に〔　　〕《のる》。

⑥ 木に〔　　〕《のぼる》。

⑦ まんがの□□□《しゅじんこう》。

⑧ 車が〔　　〕《うごく》。

⑨ へやのまどを〔　　〕《あける》。

⑩ □□《きょう》のしんぶん。

⑪ すきな□□《とうじょう》じんぶつ。

⑫ □□《ものがたり》を読む。

⑬ 谷に□《はし》をかける。

⑭ □□《かわぎし》をさんぽする。

⑮ 32ページ おとしものを□□《はっけん》する。

✿の漢字は新出漢字のべつの読み方です。

⑯ □□《よそう》を立てる。

⑰ 町のれきしを（　　　）《しらべる》。

⑱ だいじな□□《ことば》を書く。

⑲ よろこびを（　　　）《あらわす》。

⑳ □□《りゆう》をたずねる。

㉑ □□《たいおん》をはかる。

㉒ 水分を□《ちょう》節《せつ》する。

㉓ しょうせつを□□《はっぴょう》する。

ここから はってん

✿㉔ 大切な□《こと》がら。

✿㉕ □□《かいがん》であそぶ。

✿㉖ □《おもて》とうら。

✿㉗ 寺の□□《ゆらい》を知る。

✿㉘ □《あたた》かいお茶を入れる。

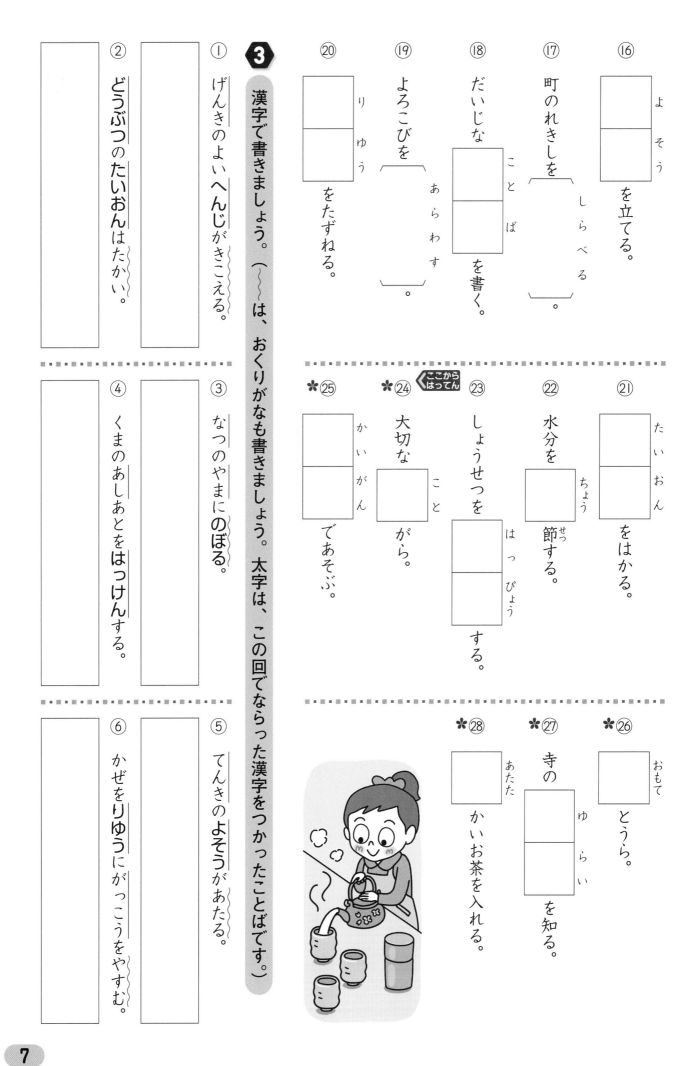

3 漢字で書きましょう。（〜〜は、おくりがなも書きましょう。太字は、この回でならった漢字をつかったことばです。）

① げんきのよい**へんじ**がきこえる。

② **どうぶつ**の**たいおん**はたかい。

③ なつのやまに**のぼる**。

④ くまのあしあとを**はっけん**する。

⑤ てんきの**よそう**があたる。

⑥ かぜを**りゆう**にがっこうをやすむ。

二 メモをくふうしてしょうかいしよう

きほんのワーク

言葉の広場① 国語辞典《じてん》のつかい方／わたしのたからもの
漢字の広場① 漢字学習ノート／二年生で学んだ漢字①

教科書 上34～44ページ

べんきょうした日 月 日

言葉の広場① 国語辞典のつかい方

◆「読み方」の赤い字は教科書でつかわれている読みです。はまちがえやすい漢字です。

漢（34ページ）
さんずい 漢
（つき出さない・下を長く・はらう）
読み方：カン
つかい方：漢字《かんじ》・漢詩《かんし》・漢数字《かんすうじ》
13画

意（34ページ）
こころ 意
（立てる・下を長く・とめる・まげる・はねる）
読み方：イ
つかい方：意味《いみ》・意見《いけん》
13画

おぼえよう！

「意」をつかった言葉。
意を決《けっ》する…きっぱりと心にきめる。
意のまま……自分の思っているように。
「意」は「心に思っていること」という意味《み》だよ。

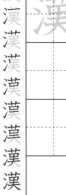

味（34ページ）
くちへん 味
（下を長く・はらう・とめる）
読み方：ミ　あじ・あじわう
つかい方：意味《いみ》・味方《みかた》　味《あじ》つけ・気分を味《あじ》わう
8画

号（36ページ）
くち 号
（長く・一画・はねる）
読み方：ゴウ
つかい方：記号《きごう》・番号《ばんごう》
5画

ちゅうい！

「号」のひつじゅん。
「号号号号号」と書くよ。
五画めにちゅういして書こうね。

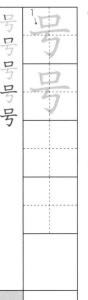

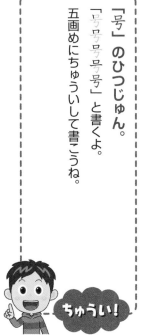

37ページ

重

重　さと

一番長く

読み方

ジュウ・チョウ

え・おも**い**

かさ**ねる**・かさ**なる**

つかい方

体重《たいじゅう》・重複《ちょうふく》・三重県《みえけん》

重《おも》い石・さらを重《かさ》ねる

9画

おくりがなにちゅうい。

○ 重い　× 重もい

○ 重ねる　× 重る　× 重さねる

おくりがなのちがいで、読み方も意味もかわるよ。

37ページ

問

問　くち

とめる　はねる

読み方

モン

とう・と**い**・とん

つかい方

問題《もんだい》・問《と》い合わせる

やさしい問《と》い・問屋《とんや》

11画

形のにている漢字。

門（モン）　なし

問（モン）　口

間（カン）　日

わたしのたからもの

38ページ

練

練　いとへん

はらう　はらう　とめる

読み方

レン

ね**る**

つかい方

練習《れんしゅう》・訓練《くんれん》

練《ね》り歩く・考えを練《ね》る

14画

38ページ

習

習　はね

はねる　はねる

読み方

シュウ

なら**う**

つかい方

練習《れんしゅう》・学習《がくしゅう》・予習《よしゅう》

漢字を習《なら》う

11画

漢字の形にちゅうい。

習

「羽」＋「白」からできているよ。

「白」を「日」や「目」としないように気をつけよう。

漢字の広場①　漢字学習ノート

42ページ

感

感　こころ

はじめに書く　わすれない　はねる　とめる　まげる

読み方

カン

―

つかい方

感《かん》じる・感心《かんしん》・感動《かんどう》

13画

ものしりメモ

①言葉の意味やつかい方が知りたいとき、②どんな漢字をつかって書いたらよいかがわからないときには、国語辞典が役《やく》に立つよ。新しい言葉に出会ったら国語辞典で調べてみよう。

42ページ

運
しんにょう
しんにゅう

運（はねる・少し長く・一画）

読み方
ウン
はこぶ

つかい方
運動《うんどう》・運転《うんてん》・幸運《こううん》
にもつを運《はこ》ぶ

運運運運運運運運運運運運

12画

漢字の意味。
「運」には、いろいろな意味があるよ。
①はこぶ。 れい 運送《そう》・海運
②動かす。動く。 れい 運転《てん》・運動
③めぐりあわせ。さだめ。 れい 幸《こう》運・運命《めい》

42ページ

転
くるまへん

転（とめる）

読み方
テン
ころ**がる**・ころ**げる**
ころ**がす**・ころ**ぶ**

つかい方
動転《どうてん》・わらい転《ころ》げる
球《たま》を転《ころ》がす・転《ころ》ぶ

転転転転転転転転転転転

11画

「転」をつかったことわざ。
転ばぬ先のつえ
…「しっぱいしないようにきちんと用意をしておくことが大切」という意味。
転んでからつえを用意してもだめなんだね。

43ページ

集
ふるとり

集（長く・とめる・はらう）

読み方
シュウ
あつ**まる**・あつ**める**
（つどう）

つかい方
文集《ぶんしゅう》・魚が集《あつ》まる
石を集《あつ》める

集集集集集集集集集集集集

12画

おくりがなにちゅうい。
○ 集まる × 集つまる
○ 集める × 集つめる × 集る
おくりがなは「まる」「める」だよ。

新しい読み方をおぼえる漢字

35ページ 味《あじ》	味《あじ》
43 集《シュウ》	文集《ぶんしゅう》

ものしりメモ
「転ぶ」と「転がる」など、おくりがながちがうと、意味のちがう言葉になるよ。
おくりがなにも気をつけて書こうね。

二　メモをくふうしてしょうかいしよう

練習のワーク

言葉の広場①　国語辞典《じてん》のつかい方／わたしのたからもの
漢字の広場①　漢字学習ノート／二年生で学んだ漢字①

教科書　㊤34〜44ページ
答え　1ページ

べんきょうした日　月　日

1 新しい漢字を読みましょう。

① 34ページ 漢字（　　）をつかって書く。
② 言葉の意味（　　）を知る。
③ あまい味（　　）の料理《りょう》。
④ 辞典でつかう記号（　　）。
⑤ 重（　　）いにもつをもつ。
⑥ 気象《しょう》台に問（　　）い合わせる。
⑦ 38ページ 発表の練習（　　）をする。

⑧ 42ページ 心に強く感（　　）じる。
⑨ じゅんび運動（　　）をする。
⑩ 小さなミスに動転（　　）する。
⑪ 言葉集（　　）めをする。
⑫ 文集（　　）を読む。

ここからはってん

✿⑬ 体重（　　）がへる。
✿⑭ 話が重複《ふく》（　　）する。

✿⑮ 本を重（　　）ねる。
✿⑯ やさしい問題《だい》（　　）。
✿⑰ おかしの問屋《や》（　　）。
✿⑱ 計画を練（　　）る。
✿⑲ 新しく習（　　）う。
✿⑳ トラックで運（　　）ぶ。
✿㉑ つまずいて転（　　）ぶ。

✿の漢字は新出漢字のべつの読み方です。

2 新しいかんじを書きましょう。〔　〕は、おくりがなも書きましょう。

① 34ページ □□《かんじ》をしらべる。

② 見出し語の□□《いみ》。

③ スープの□《あじ》がこい。

④ □□《きごう》で答える。

⑤ かばんが〔　　〕《おもい》。

⑥ やり方を〔　　〕《とう》。

⑦ 38ページ 一時間□□《れんしゅう》する。

⑧ 42ページ さむさを□《かん》じる。

⑨ はげしい□□《うんどう》をする。

⑩ 気が□□《どうてん》する。

⑪ プリントを〔　　〕《あつめる》。

⑫ □□《ぶんしゅう》を作る。

ここからはってん

✿⑬ 手を□《かさ》ねる。

✿⑭ ねん土を□《ね》る。

✿⑮ ダンボールばこを□《はこ》ぶ。

3 かんじで書きましょう。（～～は、おくりがなも書きましょう。ふとじは、このかいでならったかんじをつかったことばです。）

① **かんじ**の**れんしゅう**をする。

② ことばの**いみ**をしらべる。

③ ちずの**きごう**をおそわる。

4 二年生で学んだ漢字

二年生でならったかんじを書きましょう。〔　〕は、おくりがなも書きましょう。

① □□《まいとし》花がさく。

② □《はる》になる。

③ □《かぜ》がふく。

④ 〔　〕《あかるい》太陽《よう》。

⑤ □□《せいてん》の日がつづく。

⑥ □□《きしゃ》に乗る。

⑦ □《もん》を開ける。

⑧ お□《てら》のかね。

⑨ 〔　〕《ふとい》木に登る。

⑩ 〔　〕《ほそい》えだ。

⑪ 〔　〕《おなじ》大きさに分ける。

⑫ こまが〔　〕《まわる》。

⑬ 魚が□《いけ》でおよぐ。

⑭ 本を〔　〕《よむ》。

⑮ 体のしくみを〔　〕《しる》。

⑯ 花で□《くび》かざりを作る。

⑰ □《かお》をあらう。

⑱ 〔　〕《たのしい》思い出。

⑲ □□《ひろば》で走る。

⑳ 大声で〔　〕《はなす》。

㉑ □□《しんゆう》とあそぶ。

㉒ みんなで〔　〕《うたう》。

㉓ おべん当を〔　〕《たべる》。

三　だんらくに気をつけて読み、要点《よう》をまとめよう

きほんのワーク

うめぼしのはたらき／めだか
読書の広場①　本をさがそう

◆「読み方」の赤い字は教科書でつかわれている読みです。はまちがえやすい漢字です。

教科書　上46～61ページ

べんきょうした日　月　日

うめぼしのはたらき

実（46ページ）　実　うかんむり
立てる　はねる　とめる　一番長く　はらう

読み方：ジツ／み・みのる

つかい方：実用《じつよう》・実力《じつりょく》・事実《じじつ》／りんごの実《み》・秋の実《みの》り

8画

消（46ページ）　消　さんずい
はねる　とめる

読み方：ショウ／きえる・けす

つかい方：消化《しょうか》・消火《しょうか》／音が消《き》える・消《け》しゴム

10画

読み方にちゅうい。
消《き》える　れい　火が消える。
消《け》す　れい　火を消す。
おくりがなで読み分けよう。

ちゅうい！

めだか

化（46ページ）　化　ひ
はねる　まげる

読み方：カ・（ケ）／ばける・ばかす

つかい方：消化《しょうか》・化石《かせき》・お化《ば》け／きつねが化《ば》かす

4画

同じ読み方の言葉。
消化《しょうか》…食べたものやちしきなどをきゅうしゅうし、自分のものにすること。
消火《しょうか》…火を消すこと。

ちゅうい！

面（48ページ）　面　めん
同じ大きさ

読み方：メン／（おも）（おもて）（つら）

つかい方：水面《すいめん》・地面《じめん》・場面《ばめん》

9画

泳

49ページ

泳　さんずい

泳（あける・はねる）

8画

読み方

エイ
およぐ

つかい方

遠泳《えんえい》・水泳《すいえい》
海で泳《およ》ぐ

身

50ページ

身　み

身（つき出す・長くはらう・はねる）

7画

読み方

シン
み

つかい方

身長《しんちょう》・自身《じしん》
身《み》を守《まも》る・身近《みぢか》・黄身《きみ》

漢字の形にちゅうい。

○ 身　つき出す。

× 身　つき出さない。

守

50ページ

守　うかんむり

守（立てる・とめる・はねる）

6画

読み方

シュ・ス
まもる・（もり）

つかい方

守備《しゅび》・留守番《るすばん》
身《み》を守《まも》る・しろの守《まも》り

第

50ページ

第　たけかんむり

第（つき出さない・一画・とめる・はねる）

11画

読み方

ダイ
―

つかい方

第一《だいいち》・第一歩《だいいっぽ》・第二回《だいにかい》

次

52ページ

次　あくび

次（×シ・はねる・はらう）

6画

読み方

ジ・（シ）
つぐ・つぎ

つかい方

次回《じかい》・目次《もくじ》
とり次《つ》ぐ・次々《つぎつぎ》

死

52ページ

死　かばねへん　いちたへん

死（はらう・はねる・まげる）

6画

読み方

シ
しぬ

つかい方

死後《しご》・生死《せいし》
生き物が死《し》ぬ

度

52ページ

度　まだれ

度（立てる・はらう）

9画

読み方

ド・（ト）（タク）
（たび）

つかい方

四十度《よんじゅうど》・一度《いちど》・今度《こんど》

ものしりメモ

「守」は、家を表す「宀」（うかんむり）と、手を表す「寸」からできた漢字だよ。
手で家を「守る」という意味を表すよ。

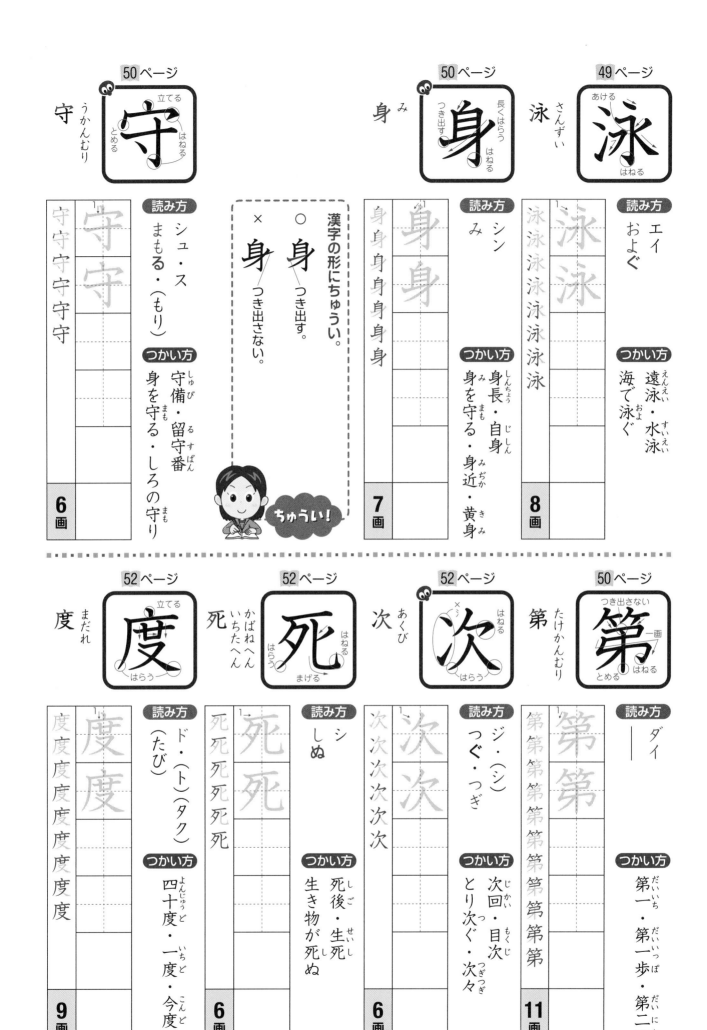

流

52ページ

流 さんずい

読み方

リュウ・(ル)

なが**れる**・なが**す**

つかい方

流行《りゅうこう》・電流《でんりゅう》

水が流《なが》れる・川に流《なが》す

10画

研

56ページ

研 いしへん

読み方

ケン

(と**ぐ**)

つかい方

研究《けんきゅう》・研修《けんしゅう》

9画

究

56ページ

究 あなかんむり

読み方

キュウ

(きわ**める**)

つかい方

研究《けんきゅう》・究明《きゅうめい》

7画

秒

56ページ

秒 のぎへん

読み方

ビョウ

―

つかい方

十秒《じゅうびょう》・秒速《びょうそく》・毎秒《まいびょう》

9画

昭

56ページ

昭 ひへん

読み方

ショウ

―

つかい方

昭和《しょうわ》

9画

和

56ページ

和 くち

読み方

ワ・(オ)

(やわ**らぐ**)(やわ**らげる**)

(なご**む**)(なご**やか**)

つかい方

昭和《しょうわ》・和食《わしょく》・平和《へいわ》

8画

年号を表す言葉。

「昭和」は、年号を表す言葉だよ。年号は、明治《めいじ》・大正《たいしょう》・昭和・平成《へいせい》・令和《れいわ》とつづいてきたよ。

おぼえよう!

読書の広場① 本をさがそう

館

58ページ

館 しょくへん

読み方

カン

やかた

つかい方

図書館《としょかん》・びじゅつ館《かん》

古い館《やかた》にすむ

16画

ものしりメモ

「研」と「究」は、どちらも「きわめる」という意味を表すよ。

「研究」は、にた意味の漢字を組み合わせてできた言葉だよ。

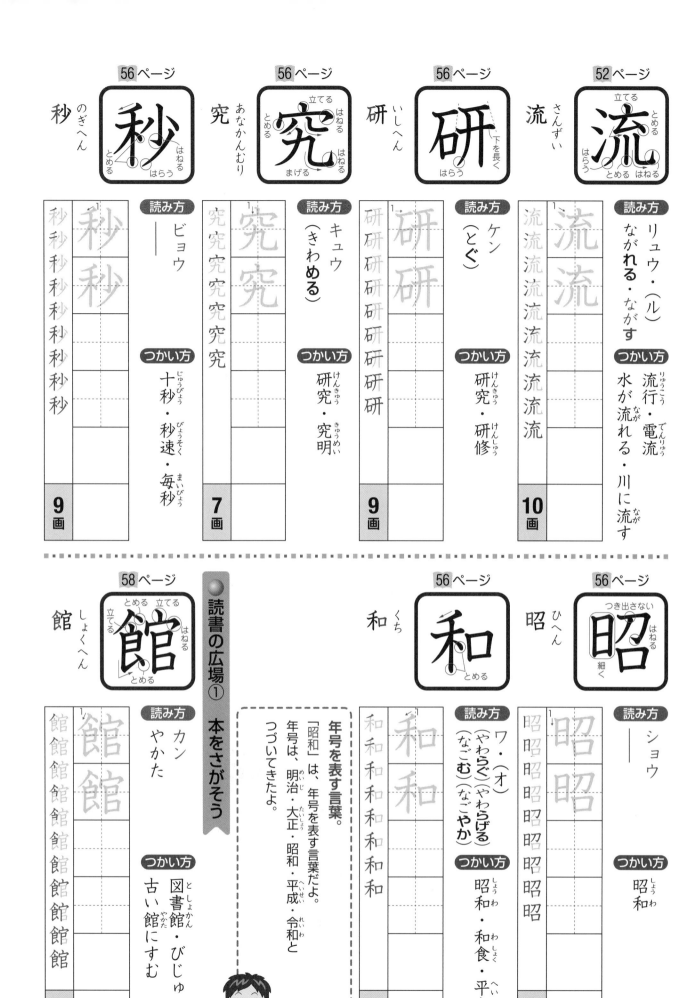

練習のワーク

うめぼしのはたらき／めだか
読書の広場① 本をさがそう

教科書 上46～61ページ

答え 2ページ

べんきょうした日　月　日

1 新しい漢字を読みましょう。

① 46ページ うめの 実（　　）。

② 消化（　　）がよい。

③ 48ページ 池の 水面（　　）。

④ めだかが 泳（　　）ぐ。

⑤ 身（　　）をかくす。

⑥ てきから仲間《なか》を 守（　　）る。

⑦ 第一（　　）のじょうけん。

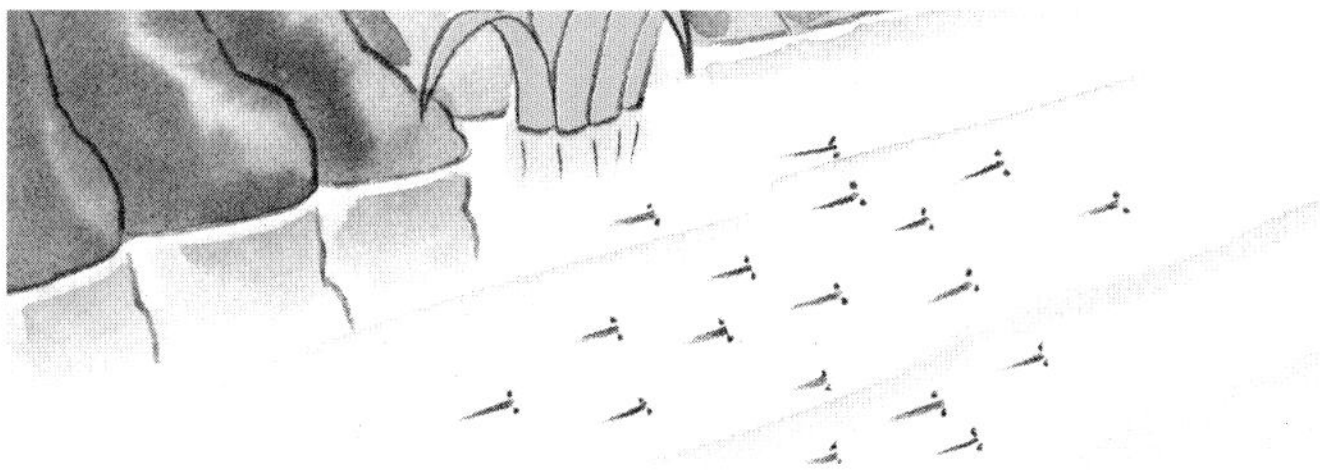

⑧ 次々（　　）にいなくなる。

⑨ 小川の魚が 死（　　）ぬ。

⑩ 水温が 四十度（　　）ある。

⑪ 川がめだかをおし 流（　　）す。

⑫ 新しいくすりの 研究（　　）。

⑬ 十秒（　　）で読みすすめる。

⑭ 昭和（　　）のくらし。

⑮ 58ページ 図書館（　　）の本。

✿⑯ ここからはってん ノートの字を 消（　　）す。

✿⑰ 人に 化（　　）けるたぬきの話。

✿⑱ 水泳（　　）の大会に出場する。

✿⑲ 身長（　　）がのびる。

✿⑳ 本の 目次（　　）を見る。

✿㉑ 強い 電流（　　）。

✿の漢字は新出漢字のべつの読み方です。

2 新しい漢字をかきましょう。〔　〕は、おくりがなもかきましょう。

① 46ページ かきの□《み》がなる。

② 食べ物を□□《しょうか》する。

③ 48ページ □□《すいめん》に石をなげる。

④ はやく〔　　〕《およぐ》。

⑤ □《み》を乗りだす。

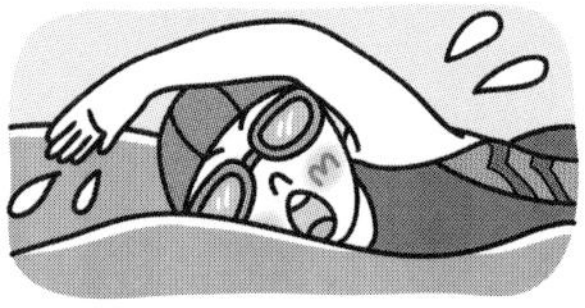

⑥ やくそくを〔　　〕《まもる》。

⑦ □□《だいいち》のばめん。

⑧ □□《つぎつぎ》とシュートをきめる。

⑨ 病《びょう》気で〔　　〕《しぬ》。

⑩ □□□《よんじゅうど》のねつ。

⑪ みずを〔　　〕《ながす》。

⑫ □□《けんきゅう》をつづける。

⑬ □□《じゅうびょう》で走る。

⑭ □□《しょうわ》のれきし。

⑮ 58ページ □□□《としょかん》に行く。

3 漢字でかきましょう。（〜〜は、おくりがなもかきましょう。太字は、この回で習った漢字をつかった言葉です。）

① **すいめん**からかめがかおをだす。

② なつやすみにうみで**およぐ**。

③ がっこうでおんがくを**ながす**。

きほんのワーク

クラスの「生き物ブック」 漢字の広場② 漢字の音《おん》と訓《くん》／二年生で学んだ漢字②

教科書 上62～70ページ

べんきょうした日 月 日

◆「読み方」の赤い字は教科書でつかわれている読みです。●はまちがえやすい漢字です。

クラスの「生き物ブック」

62ページ

章（立てる・下を長く）

たつ 章

読み方
ショウ
—

つかい方
文章《ぶんしょう》・楽章《がくしょう》

11画

64ページ

全（つける・つけない・はらう・一番長く）

ひとやね 全

読み方
ゼン
まったく・すべて

つかい方
全体《ぜんたい》・全国《ぜんこく》
全《まった》くない・全《すべ》ての力

6画

読み方にちゅうい。
全《まった》く れい 答えが全くわからない。
全《すべ》て れい クラスの全ての人。
おくりがなで読み分けよう。

ちゅうい！

65ページ

題（とめる・長くはらう）

おおがい 題

読み方
ダイ
—

つかい方
題名《だいめい》・出題《しゅつだい》・話題《わだい》

18画

66ページ

皮（あける・はねる・はらう）

けがわ 皮

読み方
ヒ
かわ

つかい方
皮肉《ひにく》・皮《ひ》ふ
皮《かわ》がむける・毛皮《けがわ》

5画

漢字の形にちゅうい。
○ 皮 × 皮
はねるのをわすれないように。

ちゅうい！

67ページ

相　め

読み方

ソウ・(ショウ)
あい

つかい方

相談《そうだん》・手相《てそう》・様相《ようそう》
相手《あいて》・相乗《あいの》り

9画

漢字の意味。

「相」には、いろいろな意味があるよ。

①表にあらわれたかたち。　れい 人相・真《しん》相
②たがいに。ともに。　れい 相談《だん》
③大臣。　れい 首相《しゅしょう》・外相《がいしょう》

69ページ

庭　まだれ

読み方

テイ
にわ

つかい方

校庭《こうてい》・庭園《ていえん》・家庭《かてい》
家の庭《にわ》

10画

漢字の形にちゅうい。

○ 庭
× 庭

「壬」の部《ぶ》分を
「王」と書かないようにしよう。

69ページ

命　くち

読み方

メイ・(ミョウ)
いのち

つかい方

人命《じんめい》・運命《うんめい》・生命《せいめい》
大切な命《いのち》

8画

漢字の意味。

「命」には、いろいろな意味があるよ。

①いのち。　れい 生命
②言いつける。　れい 使《し》命・命れい
③めぐり合わせ。　れい 運命・宿《しゅく》命

69ページ

炭　ひ

読み方

タン
すみ

つかい方

木炭《もくたん》・石炭《せきたん》
炭《すみ》やき・炭火《すみび》

9画

漢字のでき方。

「炭」は、「山」と、がけを表す「厂」と、「火」からできた漢字だよ。山で切った木をもやしてできる「すみ」を表しているんだね。

品

69ページ

品　くち

品（少し大きく）

読み方

ヒン

しな

つかい方

食品《しょくひん》・作品《さくひん》・部品《ぶひん》

いわいの品《しな》・品切《しなぎ》れ

9画

平

69ページ

平　かん　いちじゅう

平（下を長く）

読み方

ヘイ・ビョウ

たい**ら**・ひら

つかい方

平和《へいわ》・平行《へいこう》・平等《びょうどう》

平《たい》らなところ・平《ひら》たい

5画

漢字の意味。

「平」には、いろいろな意味があるよ。

①たいら。れい 平野　②おだやか。れい 平和

③ふつう。れい 平日・平年

④ひとしい。れい 平等《どう》・公平

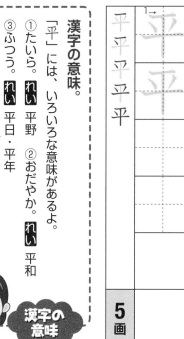

皿

69ページ

皿　さら

皿（つき出す）

読み方

――

さら

つかい方

大きい皿《さら》・小皿《こざら》・一皿《ひとさら》

5画

等

69ページ

等　たけかんむり

等（下を長く・わすれない・はねる）

読み方

トウ

ひと**しい**

つかい方

平等《びょうどう》・一等《いっとう》・上等《じょうとう》

等《ひと》しい長さ

12画

代

69ページ

代　にんべん

代（わすれない・はねる）

読み方

ダイ・タイ

か**わる**・か**える**

よ・（しろ）

つかい方

代表《だいひょう》・時代《じだい》・交代《こうたい》

あいさつに代《か》える

5画

おくりがなにちゅうい。

○ 代《か》わる　×代る

○ 代《か》える

おくりがなは「わる」「える」だよ。

新しい読み方をおぼえる漢字

ページ	漢字	読み	れい
69ページ	庭	にわ	庭《にわ》
69	命	いのち	命《いのち》
69	炭	タン	木炭《もくたん》
69	品	ヒン	食品《しょくひん》
69	平	ひら	平《ひら》たい
69	平	ビョウ	平等《びょうどう》
69	平	ヘイ	平和《へいわ》

ものしりメモ

漢字の読み方には、「音《おん》」と「訓《くん》」があるよ。「品」では、「ヒン」が音読み、「しな」が訓読みだね。「しな」のように、訓読みには漢字一字で意味のわかるものが多いよ。

四　図やしりょうを目的《てき》に合わせてえらぼう

練習のワーク

クラスの「生き物ブック」 漢字の広場② 漢字の音《おん》と訓《くん》／二年生で学んだ漢字②

教科書 上62〜70ページ　答え 2ページ

べんきょうした日　月　日

1 新しい漢字を読みましょう。

① 62ページ 文章（　　）を書く。
② 体　全体（　　）の図をかく。
③ 題名（　　）をつける。
④ かたい木の皮（　　）。
⑤ 相手（　　）につたえる。
⑥ 68ページ 校庭（　　）であそぶ。
⑦ 家の庭（　　）を手入れする。

⑧ 人命（　　）をすくう。
⑨ 大事な命（　　）。
⑩ 炭（　　）やきを行う。
⑪ 木炭（　　）で魚をやく。
⑫ おれいの品（　　）を用意する。
⑬ せいけつな食品（　　）売り場。
⑭ 道が平（　　）らになる。

⑮ 平（　　）たい入れ物。
⑯ 皿（　　）を重ねる。
⑰ ケーキを平等（　　）に分ける。
⑱ 平和（　　）な国にくらす。
⑲ ピッチャーを代（　　）える。

ここからはってん

✿⑳ 全（　　）く気にしない。
✿㉑ 皮肉（　　）を言う。

✿の漢字は新出漢字のべつの読み方です。

＊㉒ 先生に（相談《だん》）する。

＊㉓ （等）しい長さのひも。

＊㉔ （時代）がかわる。

2 新しい漢字を書きましょう。〔　〕は、おくりがなも書きましょう。

① 62ページ □□《ぶんしょう》を読む。

② 紙□□《ぜんたい》をつかってかく。

③ 本の□□《だいめい》をきめる。

④ みかんの□《かわ》をむく。

⑤ □□《あいて》のチーム。

⑥ 68ページ □□《こうてい》を走る。

⑦ □《にわ》に花をうえる。

⑧ □□《じんめい》をたすける。

⑨ かけがえのない□《いのち》。

⑩ □《すみ》やきをたいけんする。

⑪ □□《もくたん》に火をつける。

⑫ 記念《ねん》の□《しな》をわたす。

⑬ □□《しょくひん》をテーブルにおく。

⑭ 〔　〕《たいら》な道を歩く。

⑮ □《ひら》たい岩の上に乗る。

⑯ □《さら》をあらう。

⑰ □□《びょうどう》にくばる。

⑱ □□《へいわ》な世界《せかい》。

⑲ あいさつに〔　〕《かえる》。

ここからはってん

＊⑳ □《まった》く知らない店。

＊㉑ □□《ひにく》な話。

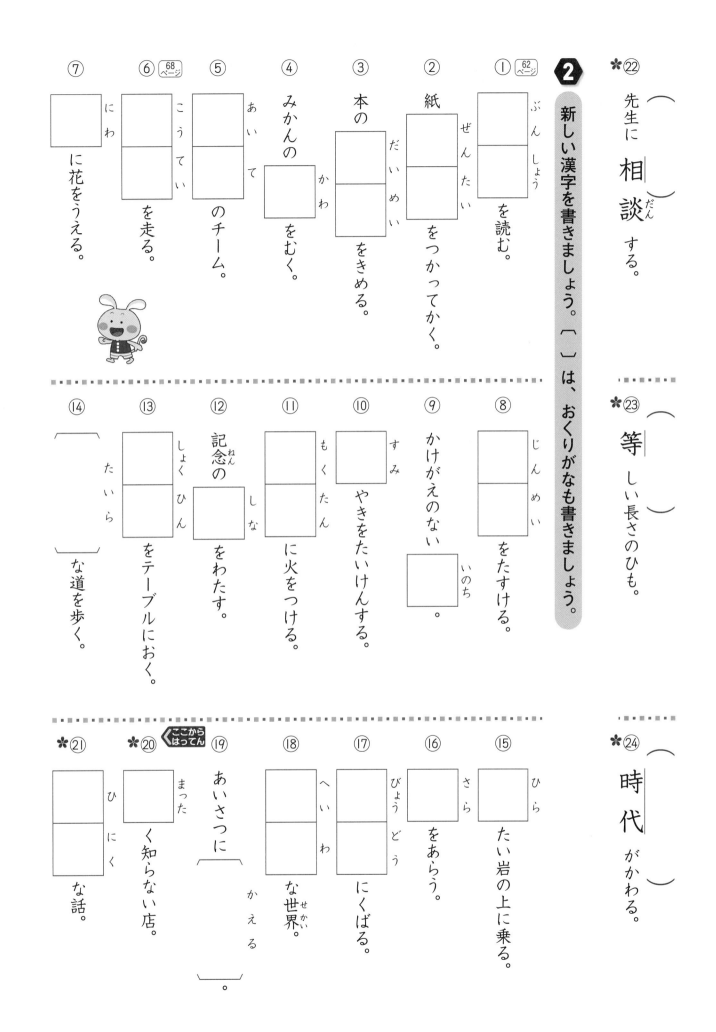

✽㉒ なやみごとを□《そう》談《だん》する。

✽㉓ 数が□《ひと》しい。

✽㉔ □□《じだい》げきを見る。

3 漢字でかきましょう。（〰は、おくりがなもかきましょう。太字は、この回で習った漢字をつかった言葉です。）

① かんどうてきな**ぶんしょう**をよむ。

② **ものがたり**の**だいめい**をしる。

③ **こうてい**でゆうじんとはなす。

④ **じんめい**をだいいちにかんがえる。

⑤ **もくたん**をあつめる。

⑥ **いちば**で**しょくひん**をうる。

4 二年生で学んだ漢字

二年生で習った漢字をかきましょう。〔　〕は、おくりがなもかきましょう。

① あつい□《なつ》。

② □《あさ》早くおきる。

③ 明るく〔《ひかる》〕。

④ □《さかな》をたべる。

⑤ 大きな□《ふね》に乗る。

⑥ □《うみ》で泳ぐ。

⑦ □《はん》そでのシャツ。

⑧ 大きな□《いわ》。

⑨ □□《ごぜん》六じ。

⑩ お□《ひる》ごはんを作る。

⑪ □□《ごご》三じ。

⑫ 〔　〕《たかい》ビル。

⑬ 白い□《くも》。

⑭ □□□《こむぎいろ》のはだ。

⑮ かっこいい□《あに》。

⑯ 三つ年下の□《いもうと》。

⑰ やさしい□《あね》。

⑱ 元気な□《おとうと》。

⑲ □《ほし》がかがやく。

⑳ たなばたの□《よる》。

㉑ □□《じぶん》でかんがえる。

㉒ 去《きょ》年の〔　〕《おもい》出。

㉓ 広い□□《こうえん》へ行く。

㉔ 手紙を〔　〕《かく》。

㉕ □□《にっき》をつける。

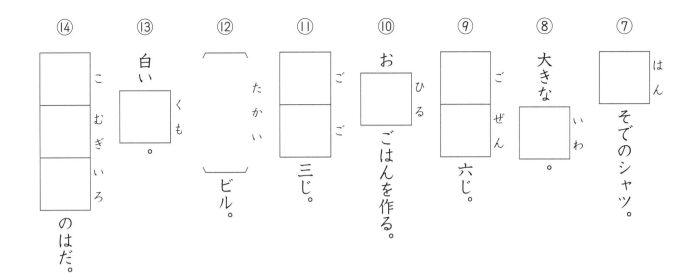

きほんのワーク
紙ひこうき、きみへ

教科書 上72～89ページ

べんきょうした日　月　日

◆「読み方」の赤い字は教科書でつかわれている読みです。（目のマーク）はまちがえやすい漢字です。

紙ひこうき、きみへ

着（73ページ）　ひつじ　12画
（つき出さない／一番長く）
読み方：チャク・（ジャク）　きる・きせる　つく・つける
つかい方：着地《ちゃくち》・とう着《ちゃく》　ふくを着《き》る・家に着《つ》く

客（73ページ）　うかんむり　9画
（立てる／とめる／はねる）
読み方：キャク・（カク）　―
つかい方：お客《きゃく》・客船《きゃくせん》

待（74ページ）　ぎょうにんべん　9画
（下を長く／はねる）
読み方：タイ　まつ
つかい方：期待《きたい》・招待《しょうたい》　人を待《ま》つ・待《ま》ち合わせ

持（75ページ）　てへん　9画
（下を長く／わすれない／はねる）
読み方：ジ　もつ
つかい方：持参《じさん》・所持品《しょじひん》　気持《きも》ち・持《も》ち出す

形のにている漢字。
持（も-つ）　れい　荷《に》物を持つ。
待（ま-つ）　れい　友達《ともだち》を待つ。

具（78ページ）　は　8画
（長く／はらう／とめる）
読み方：グ　―
つかい方：道具《どうぐ》・家具《かぐ》・絵の具《ぐ》

78ページ

取 また

取
あける
はらう
つき出さない

読み方
シュ
とる

つかい方
取材《しゅざい》・先取点《せんしゅてん》
取《と》りだす・切り取《と》る

8画

78ページ

旅 かたへん

旅
立てる
はらう
はねる
とめる

読み方
リョ
たび

つかい方
旅行《りょこう》・旅館《りょかん》
旅《たび》をする・旅人《たびびと》

10画

78ページ

様 きへん

様
とめる
はねる

読み方
ヨウ
さま

つかい方
様子《ようす》・多様《たよう》
王様《おうさま》・お客様《きゃくさま》

14画

漢字の形にちゅうい。

○ 様　× 様

十画めのたての画が下につきぬけるように。
漢字の右の部分《ぶ》が「⺷」と「水」にならないように。

79ページ

悲 こころ

悲
とめる
はらう
はねる

読み方
ヒ
かなしい・かなしむ

つかい方
悲鳴《ひめい》・悲《かな》しいできごと
母が悲《かな》しむ

12画

88ページ

部 おおざと

部
立てる
下を長く
はねる

読み方
ブ
―

つかい方
サッカー部《ぶ》・一部《いちぶ》

11画

88ページ

屋 しかばね かばね

屋
とめる
はらう
下を長く

読み方
オク
や

つかい方
屋外《おくがい》・屋上《おくじょう》
パン屋《や》・花屋《はなや》さん

9画

新しい読み方をおぼえる漢字

83ページ
旅 リョ
旅行《りょこう》

とくべつな読み方の言葉

80
今朝
けさ

ものしりメモ
人の気しつを表すときに「屋」をつけることがあるよ。「がんばり屋」「さびしがり屋」「てれ屋」などいろいろあるね。ほかにもさがしてみよう。

練習のワーク

紙ひこうき、きみへ

教科書 上72～89ページ
答え 2ページ

べんきょうした日　月　日

1 新しい漢字を読みましょう。

① 72ページ 夕方には着（　）く。
② お客（　）さんが来る。
③ 長い間待（　）つ。
④ うれしい気持（　）ちになる。
⑤ キャンプ用の道具（　）。
⑥ シロップを取（　）りだす。
⑦ 旅（　）にひつような持ちもの。

⑧ とくいげな様子（　）。
⑨ なぜか悲（　）しくなる。
⑩ 今朝（　）ふいた風。
⑪ 古い旅行（　）かばん。
⑫ サッカー部（　）のみんな。
⑬ パン屋（　）の主人。

ここからはってん

✿⑭ ゆかに着地（　）する。

✿⑮ シャツを着（　）る。
✿⑯ 期《き》待（　）をかける。
✿⑰ のみ物を持（　）参《さん》する。
✿⑱ 先取点（　）が入る。
✿⑲ ある国の王様（　）。
✿⑳ 悲鳴（　）が聞こえる。
✿㉑ 屋上（　）に上がる。

✿の漢字は新出漢字のべつの読み方です。

2 新しい漢字を書きましょう。〔　〕は、おくりがなも書きましょう。

① 72ページ 家に〔　　〕《つく》。

② スーパーのお□《きゃく》さん。

③ バスを〔　　〕《まつ》。

④ あたたかい〔　　〕《きもち》。

⑤ □□《どうぐ》をそろえる。

⑥ 本を手に〔　　〕《とる》。

⑦ □《たび》に出る。

⑧ 町の□□《ようす》がかわる。

⑨ 〔　　〕《かなしい》知らせ。

⑩ □□《けさ》のてんき。

⑪ □□《りょこう》を楽しむ。

⑫ サッカー□《ぶ》に入る。

⑬ パン□《や》で昼食を買う。

ここからはってん

✿⑭ スーツを□《き》る。

✿⑮ □□《ひめい》をあげる。

3 漢字で書きましょう。（〰は、おくりがなも書きましょう。太字は、この回で習った漢字をつかった言葉です。）

① でんしゃがくるのをまつ。

② かなしいきもちをあらわす。

③ あねとりょこうをけいかくする。

夏休み まとめのテスト❶

教科書 上14～89ページ
答え 2ページ

時間 20分

とく点 /100点
べんきょうした日 月 日

1 ――線の漢字の読み方を書きましょう。 一つ2（28点）

① 動物の絵のついたバスに乗る。
② 有《ゆう》名な物語の主人公。
③ むこうの川岸まで橋をかける。
④ 自分の予想を図にして表す。
⑤ 言葉のつかい方を調べる。
⑥ さまざまな漢字の意味を学ぶ。
⑦ 運動のこうかを感じる。

2 □は漢字を、〔 〕は漢字とおくりがなを書きましょう。 一つ2（28点）

① ドアが〔ひらく〕。
② □□《へんじ》をする。
③ 妹がふり〔かえる〕。
④ 岩に〔のぼる〕。
⑤ □□《はっけん》する。
⑥ □□《りゆう》を考える。
⑦ □□《たいおん》をはかる。
⑧ □□《きごう》を書く。
⑨ 〔おもい〕石。
⑩ 考えを〔とう〕。
⑪ □□《れんしゅう》する。
⑫ びんを〔あつめる〕。
⑬ かきの□《み》。
⑭ 食物の□□《しょうか》。

3 ――線の言葉を、漢字とおくりがなで書きましょう。
一つ2（12点）

①多くの人がかなしむ。
②まったく知らない。
③タイヤをころがす。
④きれいな水がながれる。
⑤人形にふくをきせる。
⑥すがたがきえる。

4 次の漢字の二通りの読み方を書きましょう。
一つ2（8点）

① 次
1 次の人にわたす。（　）
2 本の目次。（　）

② 平
1 平和な国。（　）
2 平らな土地。（　）

5 次の言葉と反対《はんたい》の意味の言葉を、□に漢字で書きましょう。
一つ2（8点）

①かるい ↔ □い
②せめる ↔ □る
③生きる ↔ □ぬ
④つめたい ↔ □かい

6 次の漢字を足し算すると、一つの漢字ができます。□にその漢字を書きましょう。
一つ2（12点）

①門＋口→□
②立＋早→□
③山＋灰→□
④日＋召→□
⑤竹＋寺→□
⑥木＋目→□

7 次の漢字のひつじゅんで、正しいほうに○をつけましょう。
一つ2（4点）

① 葉
ア（　）艹 艹 艹 艹 苹 華 葉
イ（　）艹 艹 艹 艹 苹 華 葉

② 皮
ア（　）乛 厂 广 皮 皮
イ（　）丿 厂 广 皮 皮

夏休み　まとめのテスト❷

教科書 ㊤14～89ページ
答え 3ページ
時間 20分

とく点　　/100点
べんきょうした日　　月　　日

1 ——線の漢字の読み方をかきましょう。　一つ2（28点）

① 魚が水面（　　）を泳（　　）ぐ。

② てきから身（　　）を守（　　）る。

③ 昭和（　　）のれきしを研究（　　）する。

④ かいた文章（　　）に題名（　　）をつける。

⑤ 調理した食品（　　）を皿（　　）にもる。

⑥ お客（　　）さんの気持（　　）ちを考える。

⑦ 道具（　　）をかばんから取（　　）りだす。

2 □は漢字を、（　）は漢字とおくりがなをかきましょう。　一つ2（28点）

① けんこう□□《だいいち》。

② □□《つぎつぎ》に来る。

③ □□□《よんじゅうど》。

④ □□《じゅうびょう》の間。

⑤ □□□《としょかん》。

⑥ ぎょうざの□《かわ》。

⑦ 話し□□《あいて》。

⑧ □《ひら》たい魚。

⑨ 学校に（　　）《つく》。

⑩ 店で（　　）《まつ》。

⑪ □□《ようす》をみる。

⑫ （　　）《かなしい》話。

⑬ サッカー□《ぶ》。

⑭ えき前のパン□《や》。

3 ——線の言葉を、漢字とおくりがなでかきましょう。 一つ2（10点）

① きつねがばける。
② とびらをあける。
③ 足をうごかす。
④ ミルクをあたためる。
⑤ あいさつにかえる。

4 □に同じ音《おん》読みをする漢字をかきましょう。 一つ2（8点）

① モン
1 むずかしい□題。
2 道場に入□する。

② カ
1 食べものを消□する。
2 消□訓《くん》練を行う。

5 ——線の二通りの読み方をする漢字を、□にかきましょう。 一つ3（18点）

① イノチをかけて人メイをすくう。
② スミやきごやで木タンを作る。
③ 海外リョ行で日本人のタビ人と出会う。
④ 大ジなコトがらをメモする。
⑤ 校テイにある花が家のニワにもさく。
⑥ ケーキをハトウ分に切って、ヒトしくくばる。

6 □にあてはまる漢字を[ ]からえらんで書き、漢字二字の言葉を作りましょう。 一つ2（8点）

① □星
② 作□
③ □方
④ 回□

[物 味 転 流]

きほんのワーク

「りす公園」はどこにある？／取材《ざい》したことをほうこく文に／自分の気持ちを手紙に

教科書 上98～109ページ

べんきょうした日　月　日

◆「読み方」の赤い字は教科書でつかわれている読みです。〇はまちがえやすい漢字です。

「りす公園」はどこにある？

99ページ

遊　しんにょう しんにゅう

（立てる　一画　はねる）

読み方：ユウ・（ユ）　あそぶ

つかい方：遊園地《ゆうえんち》　公園で遊《あそ》ぶ

12画

ちゅうい！
「遊」のひつじゅん。
「斿遊」のじゅんに書くよ。
「斿」をさいしょに、「辶」はさいごに書こうね。

100ページ

駅　うまへん

（はじめに書く　点のむき　はらう　はねる）

読み方：エキ　—

つかい方：駅《えき》に着く・駅員《えきいん》・駅前《えきまえ》

14画

取材したことをほうこく文に

100ページ

曲　ひらび

（つき出す）

読み方：キョク　まがる・まげる

つかい方：曲線《きょくせん》・作曲《さっきょく》・名曲《めいきょく》　角を曲《ま》がる

6画

漢字の意味
「曲」には、いろいろな意味があるよ。
①まげる。まがる。　れい 曲線
②音楽のメロディー。　れい 作曲・名曲
③かわっていておもしろい。　れい 曲芸《げい》

103ページ

仕　にんべん

（つき出す　少し長く）

読み方：シ・（ジ）　つかえる

つかい方：仕事《しごと》・仕組《しく》み　王様に仕《つか》える

5画

103ページ

写 わかんむり

写（はねる・長く・はねる）

読み方
シャ
うつす・うつる

つかい方
写真《しゃしん》・写生《しゃせい》
書き写《うつ》す・写真《しゃしん》に写《うつ》る

5画

写写写写写

103ページ

真 め

真（立てる・長く・はらう・とめる）

読み方
シン
ま

つかい方
写真《しゃしん》・真空《しんくう》・真相《しんそう》
真夏《まなつ》・真昼《まひる》・真水《まみず》

10画

真真真真真真真真真真

形のにている漢字。
真（シン）　具（グ）　貝（かい）
「貝」の部分は同じだね。ほかの部分に気をつけよう。

103ページ

礼 しめすへん

礼（あける・はねる・とめる）

読み方
レイ・（ライ）
―

つかい方
お礼《れい》・朝礼《ちょうれい》

5画

礼礼礼礼礼

103ページ

安 うかんむり

安（立てる・はねる・とめる・少し出す・長く・とめる）

読み方
アン
やすい

つかい方
安心《あんしん》・安全《あんぜん》
安売《やすう》り・安《やす》い買い物

6画

安安安安安安

103ページ

商 くち

商（立てる・あける・はねる）

読み方
ショウ
（あきなう）

つかい方
商品《しょうひん》・商店《しょうてん》・商売《しょうばい》

11画

商商商商商商商商商商商

103ページ

員 くち

員（はらう・とめる）

読み方
イン
―

つかい方
店員《てんいん》・全員《ぜんいん》・会社員《かいしゃいん》

10画

員員員員員員員員員員

106ページ

区 かくしがまえ

区（おれる・とめる）

読み方
ク
―

つかい方
区別《くべつ》・区分《くぶん》・江戸川区《えどがわく》

4画

区区区区

ものしりメモ
「安」は「宀」＋「女」だね。「宀」（うかんむり）は、やねにおおわれた家の形を表し、家の中で女の人が、しずかにすわっている様子からできた漢字だよ。

自分の気持ちを手紙に

107ページ

申
申 た

つき出す

読み方

（シン）
もう**す**

つかい方

申《もう》しこむ・申《もう》し出る

5画

形のにている漢字。

申（もう-す）　由（ユウ）　田（た）

たてぼうをつき出すかどうかで区別《べつ》しよう。

108ページ

送
送 しんにょう しんにゅう

一画　とめる

読み方

ソウ
おく**る**

つかい方

送付《そうふ》・発送《はっそう》・返送《へんそう》
手紙を送《おく》る・送《おく》りがな

9画

108ページ

所
所 と

よこに書く　はらう　とめる

読み方

ショ
ところ

つかい方

場所《ばしょ》・住所《じゅうしょ》・長所《ちょうしょ》
台所《だいどころ》・明るい所《ところ》

8画

109ページ

丁
丁 いち

長く　はねる

読み方

チョウ・（テイ）
—

つかい方

一丁目《いっちょうめ》・一丁《いっちょう》

2画

漢字の意味。

「丁」には、いろいろな意味があるよ。

①とうふや料理《りょう》を数える語。　れい　とうふ一丁。
②道具を数える語。　れい　はさみ一丁。
③町を区切ったもの。　れい　本町一丁目。

109ページ

住
住 にんべん

一番長く

読み方

ジュウ
す**む**・す**まう**

つかい方

住所《じゅうしょ》・住人《じゅうにん》
町に住《す》む・住《す》まい

7画

とくべつな読み方の言葉

101ページ

八百屋　やおや

ものしりメモ

物の数え方には、いろいろなものがあるよ。
とうふ→丁《ちょう》　洋服《ようふく》→着《ちゃく》　自転車→台《だい》　かがみ→面《めん》　手紙→通《つう》　えんぴつ→本《ほん》

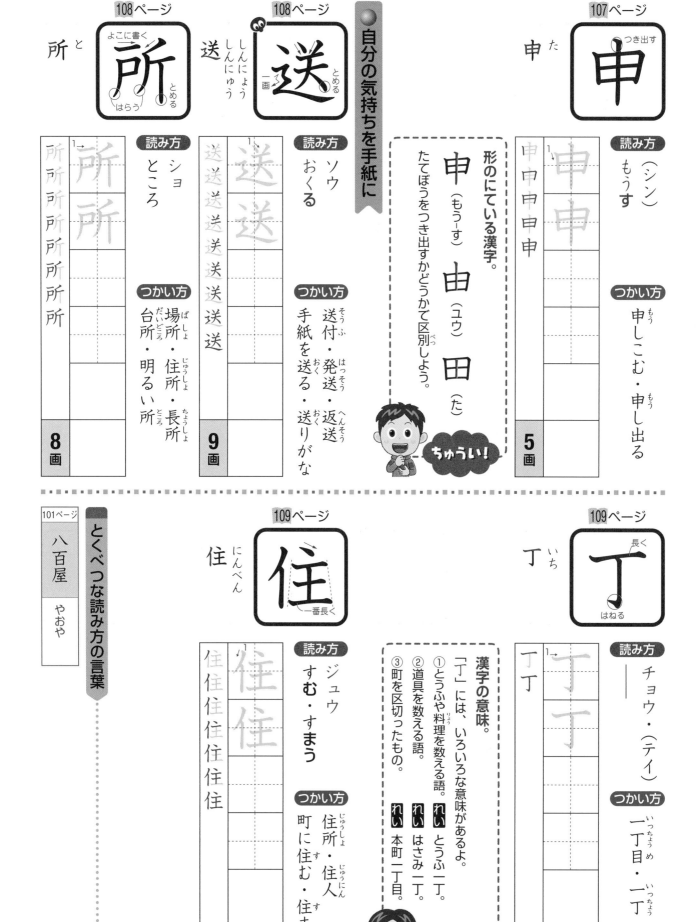

練習のワーク

「りす公園」はどこにある？
取材《ざい》したことをほうこく文に／自分の気持ちを手紙に

教科書　㊤98〜109ページ
答え　4ページ

べんきょうした日　月　日

1 新しい漢字を読みましょう。

① 98ページ 公園で遊（　　）ぶ。

② 駅（　　）にむかう道をすすむ。

③ 右に曲（　　）がる。

④ となりの八百屋（　　）さん。

⑤ 102ページ お店の仕事（　　）。

⑥ 写真（　　）をとる。

⑦ お礼（　　）の言葉。

⑧ 安売（　　）りの品物。

⑨ 商品（　　）を運ぶ。

⑩ 店員（　　）さんに聞く。

⑪ ないようを区別《べつ》（　　）する。

⑫ インタビューを申（　　）しこむ。

⑬ 108ページ 手紙を送（　　）る。

⑭ 見たことのない場所（　　）。

⑮ 一丁目（　　）の学校。

⑯ 住所（　　）を書く。

✿⑰ ここからはってん 遊園地（　　）に出かける。

✿⑱ 校歌を作曲（　　）する。

✿⑲ 王に仕（　　）える。

✿⑳ 文を書き写（　　）す。

✿㉑ 真夏（　　）にさく花。

✿の漢字は新出漢字のべつの読み方です。

✿㉒ 話を聞いて（安心する）。

✿㉓ 小づつみを（発送する）。

✿㉔ 友達《ともだち》が（住む町）。

2 新しい漢字を書きましょう。〔　〕は、おくりがなも書きましょう。

① 98ページ 親友と〔　〕《あそぶ》。

② 電車が□《えき》に着く。

③ ぼうが〔　〕《まがる》。

④ □□□《やおや》で買う。

⑤ 102ページ 日直の□□《しごと》。

⑥ クラスの□□《しゃしん》。

⑦ お□《れい》の手紙を書く。

⑧ 〔　〕《やすうり》のノートを買う。

⑨ □□《しょうひん》をならべる。

⑩ スーパーの□□《てんいん》。

⑪ 色で□《く》別《べつ》する。

⑫ 面会を〔　〕《もうし》こむ。

⑬ 108ページ はがきを〔　〕《おくる》。

⑭ 集合する□□《ばしょ》。

⑮ □□□《いっちょうめ》の交番。

⑯ □□《じゅうしょ》を手紙に書く。

✿⑰ ここからはってん □□□《ゆうえんち》の乗り物。

✿⑱ ノートに書き□《うつ》す。

✿⑲ □□《まなつ》の太陽《よう》。

✿⑳ プレゼントを□□《はっそう》する。

✿㉑ 都《と》会に□《す》む。

きほんのワーク
漢字の広場③ 送りがな
二年生で学んだ漢字③

教科書 上 110～112ページ

べんきょうした日　月　日

◆「読み方」の赤い字は教科書でつかわれている読みです。（●●）はまちがえやすい漢字です。

110ページ

打　てへん　扌

読み方
ダ
うつ

つかい方
打者《だしゃ》・打点《だてん》・投打《とうだ》
ボールを打《う》つ

5画

110ページ

飲　しょくへん　飠

読み方
イン
のむ

つかい方
飲食店《いんしょくてん》・飲料水《いんりょうすい》
水を飲《の》む・飲《の》み薬《ぐすり》

12画

漢字の形にちゅうい。

○ 飲　× 飲

左がわの部分にちゅうい！
「食」と書かないようにしよう。

110ページ

負　かい　貝

読み方
フ
まける・まかす
おう

つかい方
勝負《しょうぶ》・ライバルに負《ま》ける
きずを負《お》う

9画

110ページ

暑（●●）　ひ　日

読み方
ショ
あつい

つかい方
残暑《ざんしょ》・暑中見《しょちゅうみ》まい
暑《あつ》い夏

12画

110ページ

暗　ひへん　日

読み方
アン
くらい

つかい方
暗記《あんき》・暗算《あんざん》・明暗《めいあん》
暗《くら》い所・真《ま》っ暗《くら》

13画

111ページ

洋 さんずい

読み方

ヨウ

―

9画

つかい方

洋服《ようふく》・西洋《せいよう》・太平洋《たいへいよう》

111ページ

服 つきへん

読み方

フク

―

8画

つかい方

洋服《ようふく》・服《ふく》をぬぐ

漢字の形にちゅうい。

漢字の右がわを「皮」と書かないようにしよう。

111ページ

育 にく

読み方

イク
そだつ・そだてる
はぐくむ

8画

つかい方

体育《たいいく》・子どもが育《そだ》つ
犬を育《そだ》てる・子を育《はぐく》む

111ページ

苦 くさかんむり

読み方

ク
くるしい・くるしむ
くるしめる
にがい・にがる

8画

つかい方

苦心《くしん》・苦楽《くらく》
いきが苦《くる》しい・苦《にが》い薬《くすり》

111ページ

薬 くさかんむり

読み方

ヤク
くすり

16画

つかい方

薬品《やくひん》・薬局《やっきょく》
薬《くすり》をぬる・薬箱《くすりばこ》

「薬」のひつじゅん。

「薬薬薬薬薬薬」と書くよ。
「艹（くさかんむり）」の次に書くのは「白」の部分だよ。

新しい読み方をおぼえる漢字

ページ	漢字	言葉
111ページ	育《そだてる》	育《そだ》てる
111	育《はぐくむ》	育《はぐ》む
111	苦《にがい》	苦《にが》い

とくべつな読み方の言葉

ページ	言葉	読み
111	明日	あす

ものしりメモ

「苦」は、「くるしい」と読むときは「苦しい」、「にがい」と読むときは「苦い」だね。送りがながちがうと、読みも意味もちがうものになるので気をつけよう。

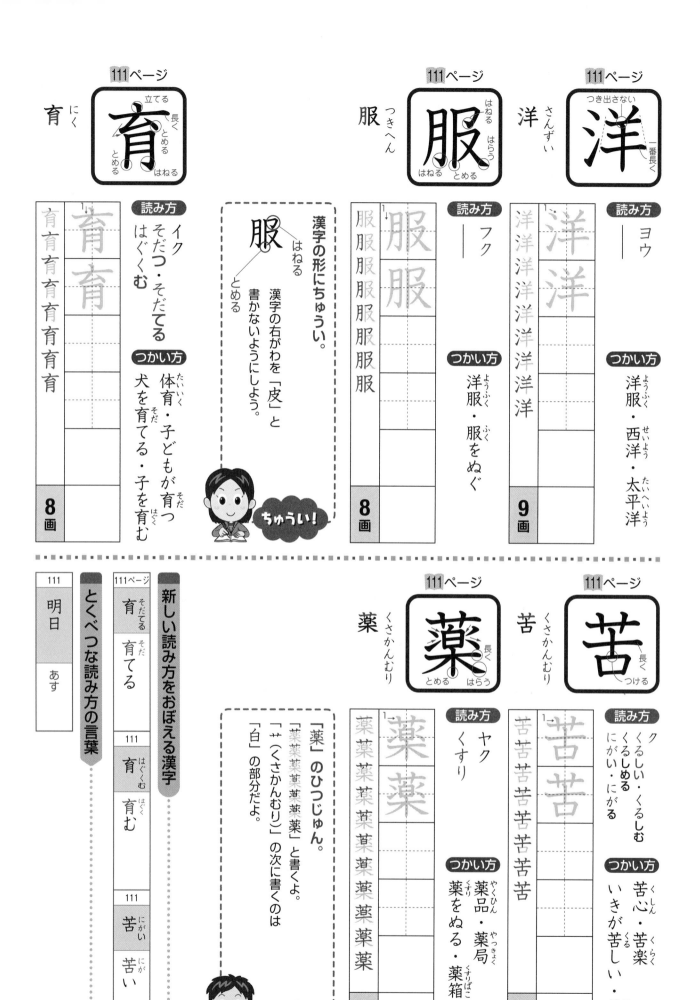

練習のワーク

漢字の広場③ 送りがな
二年生で学んだ漢字③

教科書 上110～112ページ
答え 4ページ

べんきょうした日　月　日

1 新しい漢字を読みましょう。

① 110ページ レジを打（　）つ。
② 水を飲（　）む。
③ ゲームで負（　）ける。
④ 暑（　）い夏をすごす。
⑤ 暗（　）い道を歩く。
⑥ 明日（　）の朝食。
⑦ かわいい洋服（　）を着る。

⑧ 木が育（　）つ。
⑨ 虫を育（　）てる。
⑩ 子を育（　）む。
⑪ いきが苦（　）しい。
⑫ 苦（　）い味がする。
⑬ かぜの薬（　）を飲む。
✿⑭ ここからはってん 打者《しゃ》（　）を代える。

✿⑮ 飲食店（　）に入る。
✿⑯ 足にきずを負（　）う。
✿⑰ 暑中（　）見まいを送る。
✿⑱ 年号を暗記（　）する。
✿⑲ 体育（　）の時間。
✿⑳ 苦楽（　）をともにする。
✿㉑ 薬局《きょく》（　）に行く。

✿の漢字は新出漢字のべつの読み方です。

2 新しい漢字を書きましょう。〔　〕は、送りがなも書きましょう。

① 110ページ ボールを〔うつ〕。

② ジュースを〔のむ〕。

③ じゃんけんで〔まける〕。

④ 〔あつい〕きせつ。

⑤ 〔くらい〕森を通る。

⑥ □□《あす》の用意をする。

⑦ □□《ようふく》を買う。

⑧ 草木が〔そだつ〕。

⑨ 犬を〔そだてる〕。

⑩ ゆうじょうを〔はぐくむ〕。

⑪ 生活が〔くるしい〕。

⑫ 〔にがい〕味の調味料《りょう》。

⑬ きずに□《くすり》をぬる。

ここからはってん

✿⑭ 野球《きゅう》の□《だ》者《しゃ》。

✿⑮ せきにんを□《お》う。

3 漢字で書きましょう。（～～は、送りがなも書きましょう。太字は、このかいで習った漢字をつかった言葉です。）

① じぶんのせきでおちゃを**のむ**。

② なつはあさから**あつい**。

③ **くらい**よるのかわぎしを**あるく**。

4 二年生で学んだ漢字

二年生で習った漢字を書きましょう。〔　〕は、送りがなも書きましょう。

① すずめが□《は》ばたく。

② □《とり》がとぶ。

③ □《あき》の草花。

④ □《きょう》都《と》を旅する。

⑤ ふかい□《たに》。

⑥ □□《やまざと》でくらす。

⑦ □《うし》をそだてる。

⑧ □《うま》が草を食べる。

⑨ 遊びに〔　〕《いく》。

⑩ 家に〔　〕《かえる》。

⑪ 動きが〔　〕《とまる》。

⑫ はやく〔　〕《はしる》。

⑬ □□《げんき》な子ども。

⑭ 〔　〕《まるい》ボール。

⑮ まとの□□《ちゅうしん》にあてる。

⑯ 一等が〔　〕《あたる》。

⑰ □□《ゆみや》をかまえる。

⑱ 辞《じ》書を〔　〕《ひく》。

⑲ □□《なんかい》もくり返す。

⑳ 力が〔　〕《よわい》。

㉑ 〔　〕《つよい》チーム。

㉒ □□《てんさい》の作品。

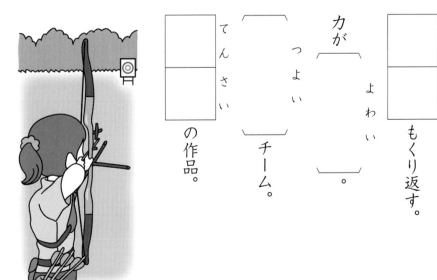

きほんのワーク

わすれられないおくりもの／言葉の文化①　俳句《はいく》に親しむ
言葉の文化②　きせつの言葉を集めよう

教科書 上 114～137ページ

べんきょうした日　月　日

◆「読み方」の赤い字は教科書でつかわれている読みです。はまちがえやすい漢字です。

わすれられないおくりもの

114ページ

助（ちから）　つき出す　はねる

読み方
ジョ
たすける・たすかる
（すけ）

つかい方
助手《じょしゅ》・人を助《たす》ける
命が助《たす》かる

7画

115ページ

向（くち）　とめる　はねる

読み方
コウ
むく・むける
むかう・むこう

つかい方
方向《ほうこう》・向上《こうじょう》・ふり向《む》く
前に向《む》かう・向《む》こうの山

6画

116ページ

幸（かん　いちじゅう）　一番長く

読み方
コウ
さいわい・（さち）
しあわせ

つかい方
幸運《こううん》・不幸《ふこう》中の幸《さいわ》い
幸《しあわ》せに生きる

8画

116ページ

終（いとへん）　はらう　とめる　はらう

読み方
シュウ
おわる・おえる

つかい方
終点《しゅうてん》・学校が終《お》わる
夕食を終《お》える

11画

117ページ

速（しんにょう　しんにゅう）　とめる　一画

読み方
ソク
はやい・はやめる
はやまる・（すみやか）

つかい方
速度《そくど》・時速《じそく》
速《はや》く走る・足を速《はや》める

10画

118ページ

者（おいかんむり）　下を長く　長くはらう　×目

読み方
シャ
もの

つかい方
学者《がくしゃ》・作者《さくしゃ》
人気者《にんきもの》・わか者《もの》

8画

119ページ

寒

寒　うかんむり

立てる　はねる　とめる

読み方
カン
さむ**い**

つかい方
寒風《かんぷう》・防寒具《ぼうかんぐ》
寒《さむ》い冬・寒空《さむぞら》

12画

128ページ

央

央　だい

つき出す　つき出す　はらう

読み方
オウ
—

つかい方
中央《ちゅうおう》

5画

漢字の意味。
「央」は、「まん中」という意味をもつよ。「なか・うち」というにている意味をもつ「中」と組み合わせて「中央」という言葉もできるね。

漢字の意味

言葉の文化① 俳句に親しむ

131ページ

陽

陽　こざとへん

長く　はねる

読み方
ヨウ
—

つかい方
太陽《たいよう》・陽気《ようき》

12画

132ページ

氷

氷　みず

あける　はねる

読み方
ヒョウ
こおり・(ひ)

つかい方
氷山《ひょうざん》・流氷《りゅうひょう》
夏氷《なつごおり》・氷水《こおりみず》・かき氷《ごおり》

5画

133ページ

有

有　つき

長く　つける　とめる　はねる

読み方
ユウ・(ウ)
ある

つかい方
有名《ゆうめい》・所有《しょゆう》・有名人《ゆうめいじん》
有《あ》り金・有《あ》り合わせ

6画

「有」のひつじゅん。
一画めと二画めにちゅうい!
○「有有有」と書くよ。
×「有有有」と書かないようにしよう。

ちゅうい!

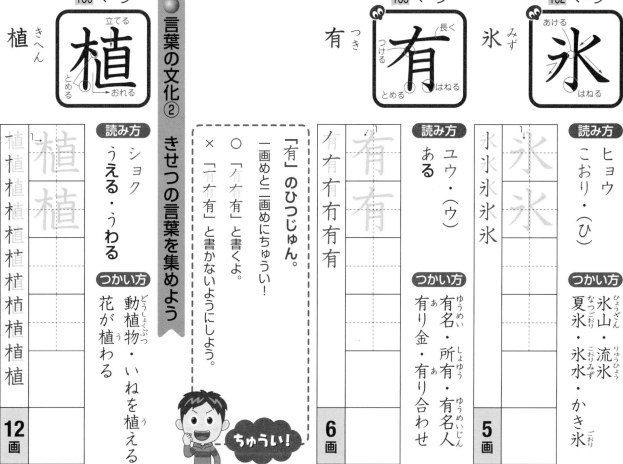

言葉の文化② きせつの言葉を集めよう

136ページ

植

植　きへん

立てる　とめる　おれる

読み方
ショク
うえる・う**わる**

つかい方
動植物《どうしょくぶつ》・いねを植《う》える
花が植《う》わる

12画

ものしりメモ
同じ読み方の「速《はや》い」と「早《はや》い」のつかい分けにちゅういしよう。
(れい)「速い」…「足が速い」「りかいが速い」　「早い」…「早い時間」「おきるのが早い」

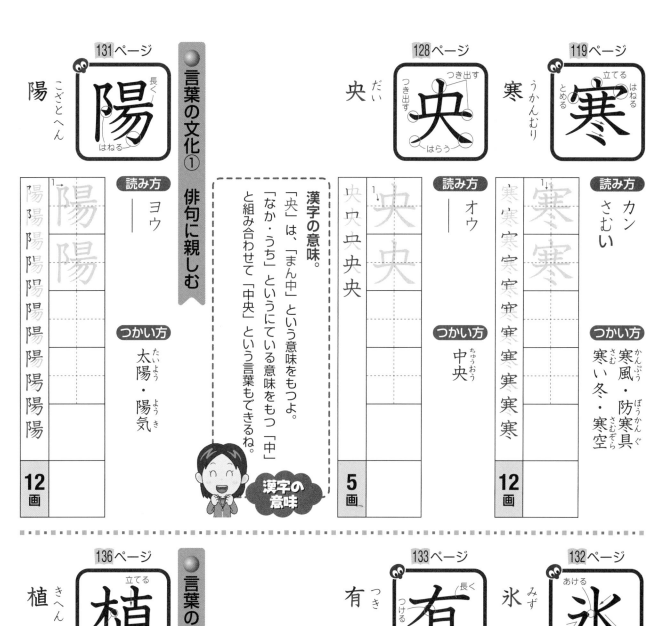

137ページ

緑 いとへん

緑

はらう　とめる　はねる

読み方

リョク・（ロク）

みどり

つかい方

新緑《しんりょく》・緑茶《りょくちゃ》

緑色《みどりいろ》・黄緑《きみどり》

14画

漢字の形にちゅうい。

○ 緑　× 緑

右下の部分を「水」と書かないようにしよう。

ちゅうい！

137ページ

祭 しめす

祭

×夕　あける　下を長く　はらう　はねる　とめる

読み方

サイ

まつる・まつり

つかい方

祭日《さいじつ》・体育祭《たいいくさい》・文化祭《ぶんかさい》

かみを祭《まつ》る・ひな祭《まつ》り

11画

137ページ

湯 さんずい

湯

長く　はねる

読み方

トウ

ゆ

つかい方

銭湯《せんとう》・熱湯《ねっとう》

ゆず湯《ゆ》・湯気《ゆげ》・湯船《ゆぶね》

12画

137ページ

豆 まめ

豆

長く

読み方

トウ・ズ

まめ

つかい方

豆《とう》ふ・大豆《だいず》

豆《まめ》まき・黒豆《くろまめ》

7画

137ページ

式 しきがまえ

式

わすれない　つき出さない　はねる　はらう

読み方

シキ

—

つかい方

出ぞめ式《しき》・式場《しきじょう》・正式《せいしき》

6画

漢字の形にちゅうい。

○ 式　× 戎

点をわすれないように。

よぶんな線を書かないように。

ちゅうい！

新しい読み方をおぼえる漢字

116ページ 向《むかう》 — 向《む》かう

127 終《おわる》 — 終《お》わる

128 向《コウ》 — 方向《ほうこう》

とくべつな読み方の言葉

116 部屋 — へや

ものしりメモ 「豆」は、食べ物を入れた食器《しょっき》の形からできた漢字で、のちに「まめ」の意味で使われるようになったよ。一画めは食器のふたを表しているよ。

七　題名について考えたことをつたえよう

練習のワーク

わすれられないおくりもの／言葉の文化①　俳句《はいく》に親しむ
言葉の文化②　きせつの言葉を集めよう

教科書　㊤114～137ページ　答え　4ページ

べんきょうした日　月　日

1 新しい漢字を読みましょう。

① 114ページ　友達《ともだち》を助（　　）ける。
② トンネルの向（　　）こう。
③ 幸（　　）せな気持ち。
④ 地下の部屋（　　）。
⑤ 夕ごはんを終（　　）える。
⑥ つくえに向（　　）かう。
⑦ 走るのが速（　　）い。
⑧ 悲しまない者（　　）はいない。
⑨ 寒（　　）いきせつがはじまる。
⑩ 物語の終（　　）わりの場面。
⑪ 方向（　　）を表す言葉。
⑫ 実の中央（　　）があまい。
⑬ 130ページ　太陽（　　）が西にしずむ。
⑭ 夏氷（　　）を食べる。
⑮ 有名（　　）なお寺。
⑯ 136ページ　春の季《き》語となる動植物（　　）。
⑰ 新緑（　　）がうつくしい。
⑱ ひな祭（　　）りの日。
⑲ ゆず湯（　　）に入る。
⑳ 豆（　　）まきをする。
㉑ 出ぞめ式（　　）のじゅんび。

ここから はってん

✿㉒ 助手（　　）をつとめる。

✿㉓ 幸運（　　）な人。

✿㉔ 速度（　　）をはかる。

✿㉕ 大きな氷山（　　）。

✿㉖ 有（　　）り金をうしなう。

✿㉗ 木を植（　　）える。

2 あたらしい漢字を書きましょう。〔　〕は、送りがなも書きましょう。

① 114ページ すてねこを〔　　〕《たすける》。

② 〔　　〕《むこう》の山に登る。

③ 〔　　〕《しあわせ》にくらす。

④ 子どもの□□《へや》。

⑤ かたづけを〔　　〕《おえる》。

⑥ 北へ〔　　〕《むかう》。

⑦ スピードが〔　　〕《はやい》。

⑧ はたらき□《もの》のおじさん。

⑨ 〔　　〕《さむい》冬。

⑩ 仕事が〔　　〕《おわる》。

⑪ 東の□□《ほうこう》を見る。

⑫ 橋の□□《ちゅうおう》に立つ。

⑬ 130ページ まぶしい□□《たいよう》。

⑭ つめたい□□《なつごおり》。

⑮ □□《ゆうめい》な人と会う。

⑯ 136ページ □□□《どうしょくぶつ》のなまえ。

⑰ □□《しんりょく》のきせつ。

⑱ ひな〔　　〕《まつり》の人形。

✿の漢字は新出漢字のべつの読み方です。

⑲ ゆず□《ゆ》で温まる。

⑳ 節《せつ》分の□《まめ》まき。

㉑ 出ぞめ□《しき》を見学する。

ここから はってん

✿㉒ 先生の□□《じょしゅ》になる。

✿㉓ □□《こううん》がおとずれる。

✿㉔ せいげん□□《そくど》を守る。

✿㉕ □□《ひょうざん》がとける。

✿㉖ □《あ》り金をはたく。

✿㉗ チューリップを□《う》える。

3 漢字で書きましょう。（〰は、送りがなも書きましょう。ふと字は、この回で習った漢字をつかった言葉です。）

① **むこう**のくすりやまではしる。

② クラスでいちばんあしが**はやい**。

③ あかるい**たいよう**のひかり。

④ **ゆうめい**なにほんのえほんさっか。

⑤ **どうしょくぶつ**をけんきゅうする。

⑥ **しんりょく**のこうえんをあるく。

きほんのワーク

世界の人につたわるように くらしと絵文字

教科書 下8～21ページ

べんきょうした日 月 日

● 世界の人につたわるように／くらしと絵文字

◆「読み方」の赤い字は教科書でつかわれている読みです。（マーク）はまちがえやすい漢字です。

世（8ページ）

世 いち

（長く・おれる）

読み方：セイ・セ　よ

つかい方：二十一世紀《せいき》　世界《せかい》・世話《せわ》・世《よ》の中

5画

界（8ページ）

界 た

（つける・はらう・とめる）

読み方：カイ　—

つかい方：世界《せかい》・限界《げんかい》・世界一《せかいいち》

9画

注（9ページ）

注 さんずい

（一番長く）

読み方：チュウ　そそぐ

つかい方：注意《ちゅうい》・注目《ちゅうもく》　注《そそ》ぎ口・お茶を注《そそ》ぐ

8画

進（10ページ）

進 しんにょう しんにゅう

（一画）

読み方：シン　すすむ・すすめる

つかい方：進級《しんきゅう》・進行《しんこう》・行進曲《こうしんきょく》　前に進《すす》む・車を進《すす》める

11画

指（10ページ）

指 てへん

（はねる・はねる）

読み方：シ　ゆび・さす

つかい方：指名《しめい》・指印《ゆびじるし》・親指《おやゆび》　東を指《さ》す

9画

役（10ページ）

役 ぎょうにんべん

（はねる・はらう）

読み方：ヤク・（エキ）　—

つかい方：役立《やくだ》つ・役目《やくめ》・市役所《しやくしょ》

7画

12ページ

港 さんずい

港
下を長く はらう あける はねる

読み方
コウ
みなと

つかい方
空港《くうこう》・開港《かいこう》・出港《しゅっこう》
港町《みなとまち》

12画

漢字の形に注意。

港

「己」の部分は、
「己 己 己」と書くよ。
「乙」や「巳」と書かないようにね。

13ページ

箱 たけかんむり

箱
とめる

読み方
―
はこ

つかい方
箱《はこ》に入れる・薬箱《くすりばこ》

15画

17ページ

深 さんずい

深
はねる はらう とめる

読み方
シン
ふかい・ふかまる
ふかめる

つかい方
深夜《しんや》・水深《すいしん》・深《ふか》い海
考えを深《ふか》める

11画

20ページ

病 やまいだれ

病
立てる とめる はらう はねる

読み方
ビョウ・(ヘイ)
(やむ)・やまい

つかい方
病院《びょういん》・病気《びょうき》・病人《びょうにん》
病《やま》にかかる

10画

20ページ

院 こざとへん

院
立てる はねる はねる 下を長く はらう はねる

読み方
イン
―

つかい方
病院《びょういん》・寺院《じいん》・入院《にゅういん》

10画

20ページ

都 おおざと

都
下を長く 長くはらう ×目 はねる 長く

読み方
ト・ツ
みやこ

つかい方
京都《きょうと》・都会《とかい》・都合《つごう》
すめば都《みやこ》

11画

新しい読み方をおぼえる漢字

21ページ
深《ふかい》
深い《ふか》

ものしりメモ
「巷」「主」「罙」「昷」。これらの部分に共通《きょうつう》する部分をつけて、これまでに学習した漢字を作ってみよう。共通する部分はわかったかな？　答えは「氵」(さんずい)だよ。

一 文章を読んで、考えたことをまとめよう

練習のワーク

世界の人につたわるように くらしと絵文字

教科書 ㊦8～21ページ

答え 4ページ

べんきょうした日　月　日

1 新しい漢字を読みましょう。

① 8ページ 世界（　　）の人につたわる。

② ちがうところに 注意（　　）する。

③ 10ページ 前に 進（　　）む。

④ いたに 指（　　）印《じるし》をほりこむ。

⑤ くらしに 役立（　　）つもの。

⑥ 空港（　　）に人が集まる。

⑦ 箱（　　）にふだをはる。

⑧ つながりを 深（　　）める。

⑨ 病院（　　）に行く。

⑩ 京都（　　）をたずねる。

⑪ ないようが 深（　　）い。

ここからはってん

✿⑫ 世（　　）の中の流れ。

✿⑬ あついお茶を 注（　　）ぐ。

✿⑭ 代表を 指名（　　）する。

✿⑮ 港町（　　）に向かう。

✿⑯ 水深（　　）をはかる。

✿⑰ 都合（　　）を聞く。

✿⑱ 花の 都（　　）パリ。

2 新しい漢字を書きましょう。〔　〕は、送りがなも書きましょう。

✿の漢字は新出漢字のべつの読み方です。

① 8ページ □□《せかい》の平和を守る。

② かみなりに□□《ちゅうい》する。

③ 10ページ 話が〔　　〕《すすむ》。

④ 方向をしめす□《ゆび》印《じるし》。

⑤ べんきょうに〔　　〕《やくだつ》本。

⑥ □□《くうこう》に行く。

⑦ 大きな□《はこ》の中身。

⑧ りかいを〔　　〕《ふかめる》。

⑨ □□《びょういん》に着く。

⑩ □□《きょうと》にある寺。

⑪ 〔　　〕《ふかい》みずうみ。

ここからはってん

✿⑫ □《よ》の中がさわがしい。

✿⑬ ジュースを□《そそ》ぐ。

✿⑭ 会長を□□《しめい》する。

✿⑮ にぎやかな□□《みなとまち》。

✿⑯ プールの□□《すいしん》。

✿⑰ □□《つごう》のよい日。

✿⑱ むかしの□《みやこ》。

3 漢字で書きましょう。（〰は、送りがなも書きましょう。太字は、この回で習った漢字をつかった言葉です。）

① **せかい**のきおんをしらべる。

② あついおゆに**ちゅうい**する。

③ **くうこう**にしゅうごうする。

きほんのワーク

わたしたちの絵文字／言葉の広場④　気持ちをつたえる話し方・聞き方
漢字の広場④　へんとつくり／二年生で学んだ漢字④

教科書 下22～34ページ

勉強した日　月　日

◆「読み方」の赤い字は教科書でつかわれている読みです。(印)はまちがえやすい漢字です。

わたしたちの絵文字

反（また）　23ページ

反（つける・はらう）

読み方：ハン・(ホン)(タン)　そる・そらす

つかい方：反対《はんたい》・反発《はんぱつ》　後ろに反《そ》らす

反反反反　4画

対（すん）　23ページ

対（立てる・はらう・とめる・はねる）

読み方：タイ・(ツイ)

つかい方：反対《はんたい》・対岸《たいがん》・対面《たいめん》　てきに対《たい》する

対対対対対対対　7画

整（ぼくにょう　ぼくづくり　のぶん）　23ページ

整（はらう・とめる・長く）

読み方：セイ　ととのえる・ととのう

つかい方：整理《せいり》・整列《せいれつ》　文を整《ととの》える・形が整《ととの》う

整整整整整整整整整整整整整整整整　16画

受（また）　25ページ

受（はねる・あける・はらう）

読み方：ジュ　うける・うかる

つかい方：受賞《じゅしょう》・注文を受《う》ける　しけんに受《う》かる

受受受受受受受受　8画

級（いとへん）　27ページ

級（一画・はらう・とめる・はらう）

読み方：キュウ

つかい方：学級活動《がっきゅうかつどう》・同級生《どうきゅうせい》

級級級級級級級級級　9画

注意！

「級」のひつじゅん。右がわの部分は、「ノ乃及」と書くよ。「乃」の部分は一画で書くよ。

言葉の広場④　気持ちをつたえる話し方・聞き方

31ページ

横

横　きへん

つき出す　下を長く　とめる　はらう　とめる

読み方
オウ
よこ

つかい方
横転《おうてん》・横《おう》だん歩道《ほどう》
横《よこ》になる・横切《よこぎ》る

15画

漢字の意味

漢字の意味。
「横」には、いろいろな意味があるよ。
①水平・左右の方向。　れい　横だん・横転
②かってきまま。　れい　横行・横着

漢字の広場④　へんとつくり

32ページ

童

童　たつ

立てる　長く

読み方
ドウ
(わらべ)

つかい方
童話《どうわ》・児童《じどう》

12画

注意！

形のにている漢字。
童(ドウ)　れい　童話を音読する。
章(ショウ)　れい　文章を読む。

32ページ

談

談　ごんべん

はらう

読み方
ダン
―

つかい方
対談《たいだん》・談話《だんわ》・会談《かいだん》

15画

でき方

漢字のでき方。
「言」(言葉)＋「炎」(おだやか)。
「おだやかな気持ちで語り合う」という意味を表すよ。

33ページ

柱

柱　きへん

とめる　一番長く

読み方
チュウ
はしら

つかい方
電柱《でんちゅう》・円柱《えんちゅう》・門柱《もんちゅう》
柱《はしら》を立てる・しも柱《ばしら》

9画

33ページ

業

業　き

長く　はらう　とめる

読み方
ギョウ・(ゴウ)
(わざ)

つかい方
休業《きゅうぎょう》・工業《こうぎょう》・作業《さぎょう》

13画

ものしりメモ
「柱」と「住」「注」は形がにているね。
「木(木)」の「柱」、「人(亻)」が「住」む、「水(氵)」を「注」ぐ、とおぼえよう。

倍
33ページ

倍　にんべん

倍（立てる・下を長く）

読み方
バイ
―

つかい方
二倍《にばい》・倍数《ばいすう》

10画

投
33ページ

投　てへん

投（はねる・はねる・はらう）

読み方
トウ
なげる

つかい方
投手《とうしゅ》・投書《とうしょ》・投石《とうせき》
輪投《わな》げ

7画

球
33ページ

球　おうへん　たまへん

球（わすれない・はねる）

読み方
キュウ
たま

つかい方
投球《とうきゅう》・地球《ちきゅう》・野球《やきゅう》
球《たま》をひろう

11画

宿
33ページ

宿　うかんむり

宿（立てる・とめる・はねる）

読み方
シュク
やど
やどる・やどす

つかい方
宿題《しゅくだい》・合宿《がっしゅく》・野宿《のじゅく》
宿屋《やどや》・心に宿《やど》す

11画

勉
33ページ

勉　ちから

勉（はねる）

読み方
ベン
―

つかい方
勉学《べんがく》・勉強《べんきょう》

10画

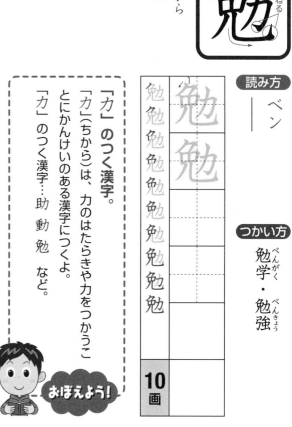

「力」のつく漢字。
「力」(ちから)は、力のはたらきや力をつかうことにかんけいのある漢字につくよ。
「力」のつく漢字…助　動　勉　など。

放
33ページ

放　ぼくにょう　ぼくづくり　のぶん

放（立てる・はらう・はねる）

読み方
ホウ
はなす・はなつ
はなれる・ほうる

つかい方
放送《ほうそう》・放水《ほうすい》・手放《てばな》す
光を放《はな》つ・球を放《ほう》る

8画

新しい読み方をおぼえる漢字

33ページ 柱《チュウ》	電柱《でんちゅう》
33 投《なげる》	投《な》げる
33 放《はなす》	放《はな》す

ものしりメモ　「扌」(てへん)は「手」、「宀」(うかんむり)は「家」にかんけいのある漢字につくよ。

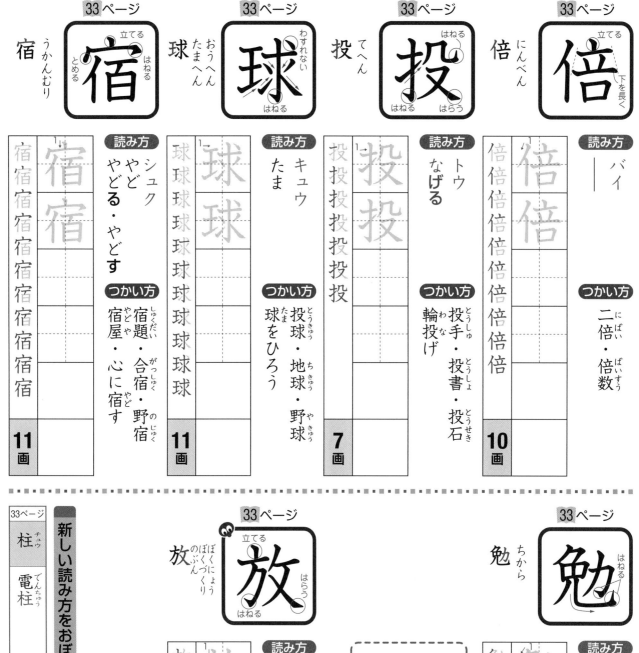

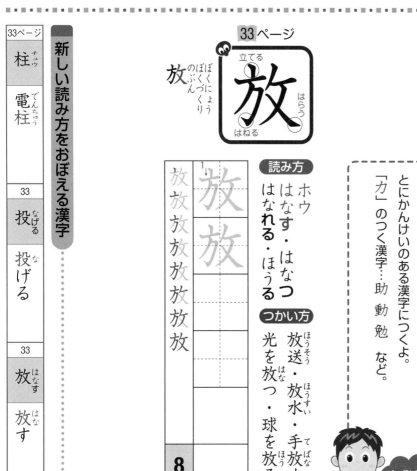

練習のワーク

わたしたちの絵文字／言葉の広場④ 気持ちをつたえる話し方・聞き方 漢字の広場④ へんとつくり／二年生で学んだ漢字④

教科書 下22～34ページ
答え 5ページ

勉強した日　月　日

1 新しい漢字を読みましょう。

① 22ページ 反対（　）だと言う。
② 意見を整理（　）する。
③ 友達《ともだち》の発言を受（　）けて考える。
④ 学級活動（　）をする。
⑤ 28ページ 横（　）を向く。
⑥ 32ページ 童話（　）を読む。
⑦ 会長と対談（　）する。

⑧ 柱（　）のかげにかくれる。
⑨ 電柱（　）を立てる。
⑩ お店が休業（　）する。
⑪ 二倍（　）の大きさ。
⑫ チームの投手（　）。
⑬ 力強い投球（　）。
⑭ 輪《わ》（　）投（　）げをする。

⑮ 算数の宿題（　）。
⑯ がんばって勉強（　）する。
⑰ ラジオの放送（　）を聞く。
⑱ 古い本を手放（　）す。
ここからはってん
✿⑲ 体を後ろに反（　）らす。
✿⑳ 身なりを整（　）える。
✿㉑ 受賞《しょう》（　）した人をたたえる。

✿の漢字は新出漢字のべつの読み方です。

✿㉒ ヨットが 横転《　》 する。

✿㉓ 球《　》 を投げる。

✿㉔ 宿屋《　》 にとまる。

2 新しい漢字をかきましょう。〔　〕は、おくりがなもかきましょう。

① 22ページ 考えに□□《はんたい》する。

② 本を□□《せいり》する。

③ テストを〔　〕《うける》。

④ □□□□《がっきゅうかつどう》。

⑤ 28ページ □《よこ》にならぶ。

⑥ 32ページ □□《どうわ》をかく。

⑦ 知事と□□《たいだん》する。

⑧ □《はしら》の前に立つ。

⑨ 古い□□《でんちゅう》を取りかえる。

⑩ □□《きゅうぎょう》のお知らせ。

⑪ □□《にばい》の料《りょう》金。

⑫ プロやきゅうの□□《とうしゅ》。

⑬ ぜんカ□□《とうきゅう》する。

⑭ 輪《わ》〔　〕《なげ》大会を開く。

⑮ □□《しゅくだい》を出す。

⑯ テストの□□《べんきょう》。

⑰ 校内で□□《ほうそう》する。

⑱ 魚を川に〔　〕《はなす》。

✿⑲ ここからはってん 体を大きく□《そ》らす。

✿⑳ 旅じたくを□《ととの》える。

✿㉑ □《じゅ》賞《しょう》記念《ねん》のメダル。

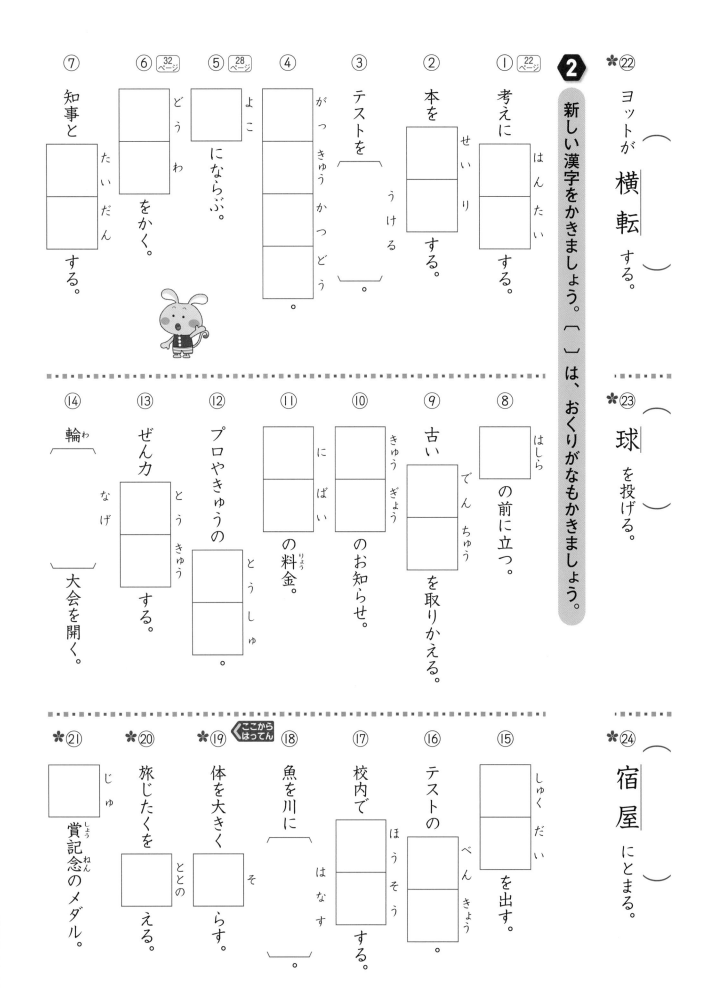

✽㉒ きかいが［　　］《おうてん》する。

✽㉓ バットで［　］《たま》をうつ。

✽㉔ ［　　］《やどや》に着く。

3 漢字でかきましょう。（〰は、おくりがなもかきましょう。太字は、この回でならった漢字をつかった言葉です。）

① あいてのいけんに**はんたい**する。

② おおくのきょうかしょを**せいり**する。

③ せんせいからのでんわを**うける**。

④ いえの**よこ**にあるにくや。

⑤ **どうわ**のとうじょうじんぶつ。

⑥ たかい**はしら**がきょうふうでおれる。

⑦ **にばい**のもうしこみがある。

⑧ **とうきゅう**のれんしゅうをする。

⑨ **しゅくだい**がぜんぶおわる。

4 二年生で学んだ漢字

二年生で習った漢字を書きましょう。〔　〕は、送りがなも書きましょう。

① □□□□《ずがこうさく》。

② 花の□《え》をかく。

③ □□□《がようし》を広げる。

④ □□《ちょくせん》を引く。

⑤ はさみで〔　　〕《きる》。

⑥ 赤と□《ちゃ》のえの具をまぜる。

⑦ 白と□《くろ》の石。

⑧ □□□《さんかくけい》におる。

⑨ □□《きいろ》のえんぴつ。

⑩ 相手のことを〔　　〕《かんがえる》。

⑪ □□□《ちょうほうけい》のいろがみ。

⑫ 箱を〔　　〕《くみ》立てる。

⑬ 〔　　〕《こたえ》〔　　〕《あわせ》。

⑭ □□《きょうしつ》をきれいにする。

⑮ 大声で〔　　〕《いう》。

⑯ □□《じかん》わりを見る。

⑰ □□《こくご》のノート。

⑱ □□《たいいく》のじゅぎょう。

⑲ □□《りか》の実験《けん》。

⑳ よい□□《てんすう》を取る。

三 登場人物のせいかくを考えながら読もう

きほんのワーク

モチモチの木
読書の広場③「おすすめ図書カード」を作ろう

教科書 下36～59ページ

勉強した日 月 日

◆「読み方」の赤い字は教科書でつかわれている読みです。はまちがえやすい漢字です。

モチモチの木

36ページ

両 いち 両

少しみじかく　とめる　はねる

読み方：リョウ　—

つかい方：両手《りょうて》・両親《りょうしん》・両方《りょうほう》

6画

38ページ

追 しんにょう しんにゅう 追

一画

読み方：ツイ　おう

つかい方：追記《ついき》・追放《ついほう》・追《お》いかける・追《お》いつく

9画

同じ読み方の漢字。

追《お》う…後をおう。おいかける。

れい わすれ物をした弟の後を追う。

負《お》う…せおう。身に受ける。

れい 足にきずを負う。

注意！

39ページ

落 くさかんむり 落

はらう

読み方：ラク　おちる・おとす

つかい方：落下《らっか》・物が落《お》ちる　物を落《お》とす

12画

漢字の形に注意。

○ 落　× 落

「艹」は上に大きく、「氵」は下に小さく書くよ。

注意！

40ページ

鼻 はな 鼻

長く　はらう　とめる

読み方：(ビ)　はな

つかい方：鼻《はな》ぢょうちん・鼻《はな》の先

14画

42ページ

起

起 そうにょう

起（あける・はねる）

読み方

キ
おきる
おこる・おこす

つかい方

起立《きりつ》・早く起《お》きる
体を起《お》こす

起起起起起起起起起起

10画

漢字の形に注意。

○ 起
× 起

「己」の部分を「乙」と一画で書かないようにしよう。

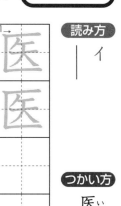

注意！

42ページ

神

神 しめすへん

神（つき出す・あける・とめる）

読み方

シン・ジン
かみ
（かん）（こう）

つかい方

神話《しんわ》・神社《じんじゃ》
神様《かみさま》・神《かみ》だのみ

神神神神神神神神神

9画

45ページ

歯

歯 は

歯（わすれない・長く・おれる・とめる）

読み方

シ
は

つかい方

歯科《しか》・歯石《しせき》
歯《は》をみがく・歯《は》ブラシ

歯歯歯歯歯歯歯歯歯歯歯歯

12画

46ページ

医

医 かくしがまえ

医（つき出さない・おれる・はらう）

読み方

イ
—

つかい方

医者《いしゃ》・医学《いがく》・歯科医《しかい》

医医医医医医医

7画

「医」のひつじゅん。

「医医医医医医医」と書くよ。
二画めに気をつけてね。

注意！

46ページ

坂

坂 つちへん

坂（はらう）

読み方

さか
（ハン）

つかい方

坂道《さかみち》・下り坂《ざか》

坂坂坂坂坂坂坂

7画

形のにている漢字。

坂（さか） れい きゅうな坂を上る。
返（ヘン） れい 手をあげて返事をする。

注意！

46ページ

血 ち

血（つき出す）

読み方
ケツ
ち

血 血 血 血 血 血

6画

つかい方
血管《けっかん》・出血《しゅっけつ》
血《ち》が出る

漢字のでき方。

血

「丿」（いけにえの血）＋「皿」
神にささげるいけにえの血を皿にもった様子を表しているよ。

でき方

51ページ

他 にんべん

他（長く・はねる・まげる）

読み方
タ
ほか

他 他 他 他 他

5画

つかい方
他人《たにん》・他国《たこく》
その他《ほか》(た)・他《ほか》(た)の人に聞く

54ページ

銀 かねへん

銀（つける・とめる・はらう）

読み方
ギン
―

銀 銀 銀 銀 銀 銀 銀 銀 銀 銀 銀 銀 銀 銀

14画

つかい方
銀行員《ぎんこういん》・銀紙《ぎんがみ》・白銀《はくぎん》

54ページ

油 さんずい

油（つき出す・つき出さない）

読み方
ユ
あぶら

油 油 油 油 油 油 油 油

8画

つかい方
油断《ゆだん》・石油《せきゆ》
油《あぶら》を引く・油《あぶら》あげ

同じ読み方で形のにている漢字。

油（ユ）あぶら。れい 石油

由（ユ）わけ。いわれ。れい 由来

注意！

59ページ

係 にんべん

係（はらう・とめる）

読み方
ケイ
かかる・かかり

係 係 係 係 係 係 係 係 係

9画

つかい方
関係者《かんけいしゃ》
国に係《かか》る問題・図書係《としょがかり》

読書の広場③ 「おすすめ図書カード」を作ろう

新しい読み方をおぼえる漢字

39ページ	51
落《おちる》	起《おこす》
落《お》ちる	起《お》こす

とくべつな読み方の言葉

59
時計
とけい

ものしりメモ
色を表す漢字には何があるかな？
「黄」「赤」「白」「茶」「青」「黒」「緑」「銀」ほかにもあるよ。さがしてみてね。

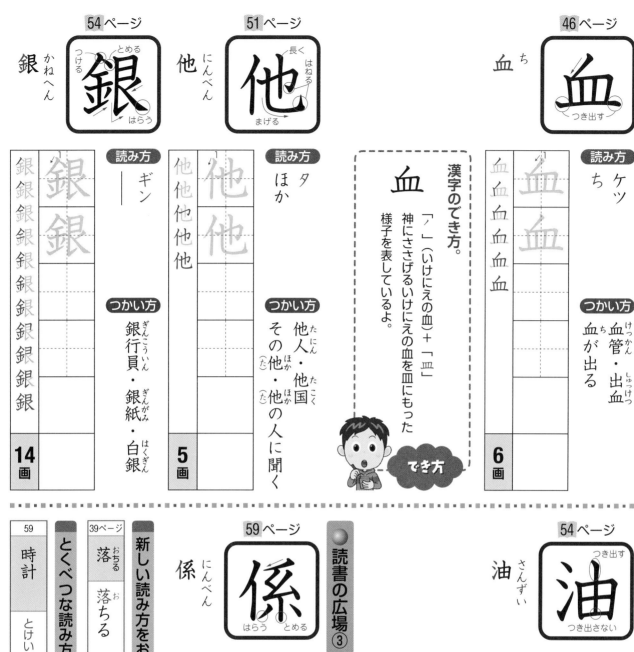

練習のワーク

モチモチの木
読書の広場③「おすすめ図書カード」を作ろう

教科書 ㊦36〜59ページ
答え 5ページ

勉強した日　月　日

1 新しい漢字を読みましょう。

① 36ページ 両手（　　）を上げる。

② かもしかを追（　　）いかける。

③ 実をふり落（　　）とす。

④ ほっぺたが落（　　）ちる。

⑤ 鼻（　　）ぢょうちん。

⑥ 真夜中に起（　　）きる。

⑦ 山の神様（　　）のお祭り。

⑧ 歯（　　）を食いしばる。

⑨ 医者（　　）をよぶ。

⑩ 下りの坂道（　　）。

⑪ 足から血（　　）が出る。

⑫ 他人（　　）がおどろく。

⑬ おじいさんを起（　　）こす。

⑭ 正直な銀行員（　　）。

⑮ フライパンに油（　　）を引く。

⑯ 56ページ 図書係（　　）が目次を作る。

⑰ 時計（　　）を作るしょく人。

✿⑱ ここからはってん 神社（　　）におまいりする。

2 新しい漢字をかきましょう。〔　〕は、送りがなもかきましょう。

✿の漢字は新出漢字のべつの読み方です。

① 36ページ □□《りょうて》で持つ。

② 兄の後を（　　）《おう》。

③ さいふを（　　）《おとす》。

④ あなに（　　）《おちる》。

⑤ □《はな》をかむ。

⑥ 朝早く（　　）《おきる》。

⑦ □□《かみさま》にいのる。

⑧ □《は》をみがく。

⑨ □□《いしゃ》のしんさつ。

⑩ □□《さかみち》を上る。

⑪ □《ち》が止まる。

⑫ □□《たにん》をまきこむ。

⑬ 朝六じに弟を（　　）《おこす》。

⑭ 父は□□□《ぎんこういん》だ。

⑮ □《あぶら》でキャベツをいためる。

⑯ 56ページ クラスの□□□《としょがかり》。

⑰ □□《とけい》を買う。

✿⑱ ここから はってん □□《じんじゃ》にいく。

3 漢字でかきましょう。（〜〜は、送りがなもかきましょう。太字は、この回で習った漢字をつかった言葉です。）

① だいじなほんを**おとす**。

② ぞうがながい**はな**をうごかす。

③ ゆうめいなびょういんの**いしゃ**。

きほんのワーク

言葉の広場⑤ こそあど言葉／はっとしたことを詩に
言葉の文化③ ことわざ・慣用句《かんようく》

教科書 下60〜69ページ

勉強した日　月　日

◆「読み方」の赤い字は教科書でつかわれている読みです。●はまちがえやすい漢字です。

言葉の広場⑤ こそあど言葉

農（61ページ）　しんのたつ　農

（つき出す・はらう・はらう）

読み方：ノウ　―

つかい方：農家《のうか》・農業《のうぎょう》・農場《のうじょう》

13画

湖（61ページ）　さんずい　湖

（つける・はねる・はらう）

読み方：コ　みずうみ

つかい方：湖岸《こがん》・湖上《こじょう》・湖面《こめん》　大きな湖《みずうみ》

12画

注意！

読み方に注意。
○　みずうみ
×　みづうみ
「湖」は水がたまっている場所で、池やぬまよりも大きいところをいうよ。

美（61ページ）　ひつじ　美

（長く・はらう）

読み方：ビ　うつくしい

つかい方：美化《びか》・美《び》じゅつ　美《うつく》しい海

9画

注意！

送りがなに注意。
○　美しい　×　美くしい　×　美つくしい
送りがなは「しい」だよ。

はっとしたことを詩に

詩（62ページ）　ごんべん　詩

（下を長く・はねる・わすれない）

読み方：シ　―

つかい方：詩《し》を読む・詩集《ししゅう》・詩人《しじん》

13画

65ページ

短

やへん 短

つき出さない
とめる

読み方
タン
みじか**い**

つかい方
短所《たんしょ》・短文《たんぶん》・長短《ちょうたん》
短《みじか》いひも

12画

送りがなに注意。
○ 短い × 短かい × 短じかい
送りがなは「い」だよ。

65ページ

昔

ひ 昔

下を長く

読み方
（セキ）（シャク）
むかし

つかい方
昔《むかし》の車・昔話《むかしばなし》

8画

「昔」をつかった言葉。
昔話…むかしからつたわる話。むかしの話。
昔ながら…むかしとかわらないまま。
昔風《ふう》…むかしを思わせる様子。

65ページ

筆

たけかんむり 筆

長く

読み方
ヒツ
ふで

つかい方
筆者《ひっしゃ》・毛筆《もうひつ》・筆記用具《ひっきようぐ》
筆《ふで》で書く・小筆《こふで》

12画

「筆」をつかったことわざ。
弘法《こうぼう》にも筆のあやまり
…どんな名人でもしっぱいすることがある。
「弘法《こうぼう》」は弘法大師《こうぼうだいし》のこと。筆（書道）の名人だったんだ。

66ページ

急

こころ 急

つき出さない
とめる
まげる
はねる

読み方
キュウ
いそ**ぐ**

つかい方
急行《きゅうこう》・急用《きゅうよう》
仕事を急《いそ》ぐ・大急《おおいそ》ぎ

9画

67ページ

根

きへん 根

とめる
はらう

読み方
コン
ね

つかい方
根気《こんき》・大根《だいこん》
木の根《ね》・屋根《やね》

10画

ものしりメモ
漢字の足し算をしてみよう。たとえば、「細」は「糸」＋「田」だね。では、「言」＋「寺」では何という漢字ができるかな？　答えは「詩」だよ。

練習のワーク

言葉の広場⑤ こそあど言葉／はっとしたことを詩に
言葉の文化③ ことわざ・慣《かん》用句《く》

教科書 下60～69ページ　答え 5ページ

勉強した日　月　日

1 新しい漢字を読みましょう。

① 60ページ 農家（　　）の人。

② 湖（　　）が見える広場。

③ 美（　　）しい夕日。

④ 62ページ できごとを詩（　　）にする。

⑤ 64ページ 短（　　）い言葉で表す。

⑥ 昔（　　）からの言いつたえ。

⑦ 弘法《こうぼう》にも筆（　　）のあやまり。

⑧ 善《ぜん》は急（　　）げ。

⑨ 草の根（　　）がはる。

ここからはってん

✿⑩ 湖面（　　）に月がうつる。

✿⑪ かんきょうを美化（　　）する。

✿⑫ ないようを短文（　　）で表す。

✿⑬ 毛筆（　　）の練習。

✿⑭ 急用（　　）で出かける。

✿⑮ 根気（　　）よくつづける。

2 新しい漢字をかきましょう。〔　〕は、送りがなもかきましょう。

① 60ページ □□《のうか》をてつだう。

② 大きな□《みずうみ》。

③ 〔　　〕《うつくしい》海。

✿の漢字は新出漢字のべつの読み方です。

④ 62ページ □《し》を音読する。

⑤ 64ページ とけいの［　　］《みじかい》はり。

⑥ □《むかし》、ここに木があった。

⑦ 太い□《ふで》でかく。

⑧ 作業を［　　］《いそぐ》。

⑨ 植物のくきや□《ね》。

ここからはってん

✿⑩ □□《たんぶん》を作る。

✿⑪ □□《もうひつ》でかいた手紙。

✿⑫ □□《きゅうよう》ができる。

3 漢字でかきましょう。（〰〰は、送りがなもかきましょう。太字は、この回で習った漢字をつかった言葉です。）

① **みずうみ**のそばのみせでかう。

② **うつくしい**やまをまもる。

③ ぶんしょうや**し**をかく。

④ **みじかい**じかんでいけるばしょ。

⑤ **むかし**のおとぎばなしをきく。

⑥ えきまでのみちを**いそぐ**。

冬休み まとめのテスト①

教科書 上98～下69ページ
答え 5ページ
時間 20分
とく点 /100点
勉強した日 月 日

1 ——線の漢字の読み方を書きましょう。 一つ2（28点）

① 駅（　）の近くの公園で遊（　）ぶ。
② 八百屋（　）のある道を左に曲（　）がる。
③ 本屋の店員（　）の仕事（　）をおぼえる。
④ スーパーで安（　）い商品（　）をさがす。
⑤ 大きさで区別《べつ》（　）して荷《に》物を送（　）る。
⑥ 明日（　）は朝から暑（　）いそうだ。
⑦ 部屋（　）のそうじを終（　）える。

2 □は漢字を、（　）は漢字と送りがなを書きましょう。 一つ2（28点）

① □□《しゃしん》をとる。
② （　）《もうし》こむ。
③ □□□《いっちょうめ》。
④ □□《じゅうしょ》を書く。
⑤ □□《ようふく》を着る。
⑥ 足が（　）《はやい》。
⑦ 村のわか□《もの》。
⑧ 家の□□《ちゅうおう》。
⑨ 明るい□□《たいよう》。
⑩ □□《なつごおり》を食べる。
⑪ □□《ゆうめい》な人。
⑫ □□《しんりょく》のころ。
⑬ □《まめ》まきをする。
⑭ 出ぞめ□《しき》。

3 ――線の言葉を、漢字と送りがなで書きましょう。 一つ3（15点）

① 人をたすける。

② むこうの山まで行く。

③ うつくしい川をながめる。

④ 朝早くおきる。

⑤ ボールをうける。

4 次の漢字の部分には、それぞれ同じへんがつきます。□にへんを、（　）にへんのなまえを書きましょう。 両方できて3（9点）

① 寺　丁　殳　□（　　）

② 舌　由　羊　□（　　）

③ 系　也　音　□（　　）

5 次の言葉と反対の意味の言葉を、漢字と送りがなで書きましょう。 一つ3（12点）

① 長い ↔

② 暑い ↔

③ あさい ↔

④ 明るい ↔

6 □に同じ読み方をする漢字を書きましょう。 一つ2（8点）

① ヤク
1 勉強に□立つ本をさがす。
2 体によい□草を見つける。

② お（う）
1 足にきずを□う。
2 にげた鳥をみんなで□う。

冬休み まとめのテスト②

教科書 上98～下69ページ　答え 6ページ

時間 20分

とく点　　/100点

勉強した日　月　日

1 ——線の漢字のよみ方を書きましょう。 一つ2（28点）

① 指印《じるし》（　　）で進（　　）む方角をしめす。

② 空港（　　）のそばの病院（　　）に着く。

③ 反対（　　）の理由を整理（　　）する。

④ いつもの二倍（　　）の時間勉強（　　）する。

⑤ 両手（　　）にかかえた本を落（　　）とす。

⑥ 歯（　　）をぬいたら血（　　）が出た。

⑦ 湖（　　）の近くの農家（　　）をたずねる。

2 □に漢字を書きましょう。 一つ2（28点）

① 物語の□□《せかい》。

② □《よこ》にならべる。

③ □□《どうわ》の本。

④ □《はしら》を立てる。

⑤ 本日□□《きゅうぎょう》。

⑥ □□《とうきゅう》練習。

⑦ □□《しゅくだい》が多い。

⑧ □《はな》をかむ。

⑨ □□《いしゃ》にかかる。

⑩ □□《さかみち》を上る。

⑪ □□《たにん》の問題。

⑫ □□□《ぎんこういん》。

⑬ □《あぶら》をさす。

⑭ 木の□《ね》。

3
——線の言葉を、漢字と送りがなで書きましょう。 一つ2(10点)

① 矢をはなつ。 □
② しあわせに生きる。 □
③ 学校へいそぐ。 □
④ 木をうえる。 □
⑤ にがい食べ物をのこす。 □

4
□に同じ部分をもつ漢字を書きましょう。 一つ2(12点)

① 子どもが書いた□《し》を□《よ》む。
② お□《ゆ》を茶わんに□《そそ》ぐ。
③ □《かみ》様にねがいがかなったお□《れい》を言う。

5
次の漢字の赤字の部分は、何画めに書きますか。( )に数字で書きましょう。 一つ1(2点)

① 区( )画め ② 有( )画め

6
次の漢字の——線のよみ方を書きましょう。 一つ2(12点)

① 育
1 命を育む。( )
2 体育の時間。( )
3 大切に育てる。( )

② 都
1 京都のれきしを調べる。( )
2 都合がわるい。( )
3 花の都パリ。( )

7
次の部分と組み合わせることのできるへんを□からえらんで漢字を作り、□に書きましょう。 一つ2(8点)

① 艮 □ ② 欠 □
③ 及 □ ④ 士 □

月 亻 飠 糸

きほんのワーク

ちいきの行事／言葉の広場⑥ 文の組み立て
漢字の広場⑤ 漢字の組み立て／二年生で学んだ漢字⑤

教科書 下74～84ページ

勉強した日 月 日

◆「読み方」の赤い字は教科書で使われている読みです。●●はまちがえやすい漢字です。

ちいきの行事

74ページ

決 さんずい

決（つき出す・はらう）

読み方
ケツ
きめる・きまる

使い方
決意《けつい》・日時を決《き》める
物事が決《き》まる

7画

決決決決決決決

送りがなに注意。
○ 決める ○ 決まる × 決る
送りがなは「める」「まる」だよ。

75ページ

使 にんべん

使（はらう・つき出す）

読み方
シ
つかう

使い方
使者《ししゃ》・使用《しよう》
車を使《つか》う

8画

使使使使使使使使

76ページ

委 おんな

委（とめる・はらう・少し出す・長く・とめる）

読み方
イ
ゆだねる

使い方
委員会《いいんかい》・委任《いにん》
身を委《ゆだ》ねる

8画

委委委委委委委委

漢字の意味。
「委」には「ゆだ(ねる)」という読み方があるよ。
「ゆだねる」は「すべてまかせる」という意味を表すんだ。
れい 旅行の手配《はい》を父に委ねる。

78ページ

始 おんなへん

始（少し出す・とめる・とめる）

読み方
シ
はじめる・はじまる

使い方
始動《しどう》・開始《かいし》
会を始《はじ》める・始《はじ》まり

8画

始始始始始始始始

81ページ

帳

はねる　長く　とめる　はらう

帳　はばへん

読み方

チョウ

—

使い方

手帳《てちょう》・日記帳《にっきちょう》

11画

「帳」の筆順《じゅん》。

「帳帳帳帳帳帳帳帳帳帳帳」と書くよ。

四画めと五画めに注意しよう。

81ページ

列

はらう　とめる　はねる

列　りっとう

読み方

レツ

—

使い方

列車《れっしゃ》・行列《ぎょうれつ》・列《れつ》を作る

6画

漢字の意味。

「列」には、いろいろな意味があるよ。

①ならぶ。つらなる。　れい 列車・行列

②じゅんじょ。　れい 序《じょ》列・同列

③おおくの。　れい 列強・列国

81ページ

局

はらう　はねる

局　しかばね　かばね

読み方

キョク

—

使い方

ゆうびん局《きょく》・テレビ局《きょく》

7画

にた部分をもつ漢字。

尸(しかばね・かばね)　れい 局・屋

广(まだれ)　れい 庫《こ》・庭・度・店

厂(がんだれ)　れい 原

82ページ

笛

つき出す

笛　たけかんむり

読み方

テキ

ふえ

使い方

汽笛《きてき》

笛《ふえ》をふく・草笛《くさぶえ》

11画

漢字の形に注意。

○ 笛

× 笛

「由」を「田」と書かないように気をつけよう。

ものしりメモ　「使」には、①つかう・用いる、②つかい・つかいをする、③させる・はたらかせる、という意味があるよ。　(れい)①使用・行使　②使者・天使　③使役《えき》

82ページ

宮 うかんむり

宮（立てる・はねる・とめる・下を大きく）

読み方

キュウ（グウ）（ク）
みや

使い方

宮中《きゅうちゅう》・宮《きゅう》でん
宮大工《みやだいく》・お宮《みや》まいり

10画

宮宮宮宮宮宮宮宮宮宮

でき方

漢字のでき方。
「宮」は、「宀」(家)＋「呂」(たて物がならんだ様子)からできているよ。「りっぱなたて物」という意味を表すよ。

83ページ

定 うかんむり

定（立てる・はねる・とめる・長くはらう）

読み方

テイ・ジョウ
さだ**める**・さだ**まる**
（さだ**か**）

使い方

安定《あんてい》・予定《よてい》・案《あん》の定《じょう》
きそくを定《さだ》める

8画

定定定定定定定定

注意！

送りがなに注意。
○ 定める
○ 定まる　× 定る
送りがなは「める」「まる」だよ。

83ページ

庫 まだれ

庫（立てる・はらう・長く）

読み方

コ・（ク）
―

使い方

車庫《しゃこ》・金庫《きんこ》・倉庫《そうこ》

10画

庫庫庫庫庫庫庫庫庫庫

でき方

漢字のでき方。
「广」(屋根)＋「車」。
「車を入れるたてもの」ということから、「物をしまったり、たくわえたりしておく場所」という意味を表しているよ。

83ページ

島 やま

島（わすれない・はねる）

読み方

トウ
しま

使い方

半島《はんとう》・列島《れっとう》
島国《しまぐに》・南の島《しま》

10画

島島島島島島島島島島

新しい読み方をおぼえる漢字

83ページ
定《さだめる》
定《さだ》める

とくべつな読み方の言葉

74	
七夕	たなばた
78	
今年	ことし

ものしりメモ

「島」は、「島島島島島島島島島島」のじゅんに十画で書くよ。一画めと二画めや、一画めと三画めをつづけて書かないようにしようね。

練習のワーク

ちいきの行事／言葉の広場⑥ 文の組み立て
漢字の広場⑤ 漢字の組み立て／二年生で学んだ漢字⑤

教科書 ㊦74～84ページ
答え 7ページ

勉強した日　月　日

1 新しい漢字を読みましょう。

① 74ページ 調べることを 決（　　）める。

② 七夕（　　） 祭りを楽しむ。

③ しりょうを 使（　　）う。

④ 実行 委員会（　　） の人。

⑤ 発表を 始（　　）める。

⑥ 今年（　　） のたこあげ大会。

⑦ 80ページ 妹に 手帳（　　） をあげる。

⑧ 列車（　　） に乗る。

⑨ ゆうびん 局（　　） に行く。

⑩ 82ページ 笛（　　） の音が聞こえる。

⑪ ごうかな 宮（　　） でん。

⑫ 心が 安定（　　） する。

⑬ きまりを 定（　　）める。

⑭ 車庫（　　） に車がある。

⑮ 島国（　　） の文化。

ここから はってん

✿⑯ 決意（　　） をかためる。

✿⑰ 教室を 使用（　　） する。

✿⑱ 仕事を 委（　　）ねる。

✿⑲ 子ども会を 始動（　　） する。

✿⑳ 汽笛（　　） が聞こえる。

✿㉑ 宮大工（　　） になる。

✿の漢字は新出漢字のべつの読み方です。

✿㉒ 案《あん》の（定　）ちこくした。

✿㉓ 天気が（定　）まる。

✿㉔ （列島　）をめぐる。

2 あたらしい漢字をかきましょう。〔　〕は、送りがなもかきましょう。

① 74ページ 係を〔　〕《きめる》。

② □□《たなばた》のねがい事。

③ 言葉を〔　〕《つかう》。

④ □□□《いいんかい》にでる。

⑤ 習い事を〔　〕《はじめる》。

⑥ □□《ことし》の冬は寒い。

⑦ 80ページ □□《てちょう》にメモする。

⑧ □□《れっしゃ》が走る。

⑨ 町のゆうびん□《きょく》。

⑩ 82ページ □《ふえ》をふく。

⑪ □《きゅう》でんにあるお広間。

⑫ 生活が□□《あんてい》する。

⑬ 時間を〔　〕《さだめる》。

⑭ □□《しゃこ》にバイクをとめる。

⑮ 小さな□□《しまぐに》。

ここからはってん

✿⑯ □□《けつい》を表明する。

✿⑰ 台を□□《しよう》する。

✿⑱ 兄にはんだんを□《ゆだ》ねる。

✿⑲ エンジンを□□《しどう》する。

✿⑳ □□《きてき》が鳴る。

✿㉑ □□□《みやだいく》の仕事。

✿㉒ 案の□《じょう》負けた。

✿㉓ 心が□《さだ》まる。

✿㉔ □□《れっとう》を旅する。

3 漢字でかきましょう。（〜〜は、送りがなもかきましょう。太字は、この回で習った漢字をつかった言葉です。）

① ぶんかさいのだしものを**きめる**。

② としょかんのほんを**つかう**。

③ いもうとがすいえいを**はじめる**。

④ あたらしい**てちょう**をひらく。

⑤ **れっしゃ**がえきにつく。

⑥ ゆうびん**きょく**できってをかう。

⑦ **ふえ**のあいずでにゅうじょうする。

⑧ **しまぐに**のちょうしょをしる。

4 二年生で学んだ漢字

二年生で習った漢字を書きましょう。

① □《と》を開く。

② □□《こんしゅう》の予定。

③ □□《らいしゅう》までに仕上げる。

④ □□《でんわ》をかける。

⑤ □□《ようび》をかくにんする。

⑥ □□□《ふるどけい》が動く。

⑦ □《ゆき》がふる。

⑧ □《そと》で遊ぶ。

⑨ 四つの□《うち》から一つえらぶ。

⑩ 寒い□《ふゆ》。

⑪ □□《こがたな》で木をけずる。

⑫ □□《しんぶん》を読む。

⑬ □《はは》がわらう。

⑭ □□《けいと》のセーター。

⑮ 楽しい□□《せいかつ》。

⑯ □《にく》をやく。

⑰ □□《だいどころ》にいる。

⑱ □《ちち》が会社に行く。

⑲ □《こめ》をあらう。

きほんのワーク

川をつなぐちえ
言葉の文化④　十二支《し》と月のよび名

教科書 下86～97ページ

勉強した日　月　日

◆「読み方」の赤い字は教科書で使われている読みです。はまちがえやすい漢字です。

川をつなぐちえ

路（86ページ）　あしへん　路
はらう／つき出す
読み方：ロ　じ
使い方：水路《すいろ》・道路《どうろ》・通学路《つうがくろ》
家路《いえじ》・旅路《たびじ》
13画

荷（86ページ）　くさかんむり　荷
つき出す／はねる
読み方：（カ）　に
使い方：荷物《にもつ》・荷台《にだい》・荷馬車《にばしゃ》
荷《に》が重い
10画

注意！
「荷」の筆順《じゅん》。
「荷荷荷荷荷荷」と書くよ。
「可」の部分に気をつけて書こう。

県（87ページ）　め　県
おれる／はらう／とめる
読み方：ケン　―
使い方：埼玉県《さいたまけん》・県内《けんない》・県立《けんりつ》
9画

板（88ページ）　きへん　板
とめる／はらう
読み方：ハン・バン　いた
使い方：鉄板《てっぱん》・画板《がばん》・黒板《こくばん》
板《いた》を切る・まな板《いた》
8画

おぼえよう！
「木」のつく漢字。
「木」（きへん）は、木や木材《ざい》に関係《かん》のある漢字につくよ。
「木」のつく漢字…植　板　柱　林　など。

91ページ

階 こざとへん

階（はねる・はねる）

読み方

カイ

—

使い方

七階《ななかい》だて・音階《おんかい》・二階《にかい》

12画

注意！

漢字の形に注意。

階

「比」の部分は、左がわの「ヒ」は直線で、右がわの「ヒ」はなめらかに曲げて書くよ。

94ページ

州 かわ

州（はらう・とめる）

読み方

シュウ

（す）

使い方

九州《きゅうしゅう》・本州《ほんしゅう》

6画

94ページ

鉄 かねへん

鉄（とめる・つき出す・つける・下を長く・はらう）

読み方

テツ

—

使い方

鉄《てつ》の橋・鉄道《てつどう》・鉄路《てつろ》

かたい鉄《てつ》

13画

94ページ

期 つき

期（つき出さない・はらう・とめる・はねる）

読み方

キ・（ゴ）

—

使い方

三学期《さんがっき》・期間《きかん》・時期《じき》

12画

漢字の意味

漢字の意味。

「期」には、いろいろな意味があるよ。

①一定の時間。 れい 期間・学期

②決められた日時。 れい 期日・時期

③予定する。あてにする。 れい 期待・予期

言葉の文化④ 十二支《し》と月のよび名

96ページ

羊 ひつじ

羊（つき出さない・一番長く）

読み方

ヨウ

ひつじ

使い方

羊毛《ようもう》・羊《よう》かん

羊《ひつじ》をかう・子羊《こひつじ》

6画

注意！

同じ読み方で形のにている漢字。

羊（ヨウ） れい 羊毛

洋（ヨウ） れい 洋服

ものしりメモ

「阝」は、へん（漢字の左がわの部分）になると「こざとへん」、つくり（漢字の右がわの部分）になると「おおざと」とよぶよ。

五　文章と図や写真を、むすびつけて読もう

練習のワーク

川をつなぐちえ
言葉の文化④　十二支《し》と月のよび名

教科書　㊦86〜97ページ
答え　7ページ

勉強した日　月　日

1 新しい漢字を読みましょう。

① 86ページ
（　　）水路 でつなぐ。

② 多くの（　　）荷物 を運ぶ。

③（　　）埼《さい》玉《たま》県 さいたま市。

④ 木の（　　）板 をつみ上げる。

⑤（　　）七階 だてのビル。

⑥（　　）九州 の山に行く。

⑦ 木は（　　）鉄 よりもかるい。

⑧ 短い（　　）三学期。

⑨ 96ページ
（　　）羊 の毛をかる。

✿⑩ ここからはってん
（　　）家路 につく。

✿⑪（　　）鉄板 で肉をやく。

✿⑫（　　）羊毛 のセーター。

2 新しい漢字を書きましょう。

① 86ページ
川と田を □□《すいろ》 でむすぶ。

② □□《にもつ》 を受け取る。

③ 埼《さい》玉《たま》 □《けん》 に住む。

✿の漢字は新出漢字のべつの読み方です。

④ ベニヤの□《いた》でたなをつくる。

⑤ □□《ななかい》の部屋。

⑥ □□《きゅうしゅう》のれきしを知る。

⑦ □《てつ》でできたフライパン。

⑧ □□□《さんがっき》が始まる。

⑨ 96ページ 小さな□《ひつじ》を育てる。

ここから はってん

✿⑩ □□《いえじ》を急ぐ。

✿⑪ □□《てっぱん》やきの店。

✿⑫ □□《ようもう》をかる。

3 漢字で書きましょう。（〜〜は、送りがなも書きましょう。太字は、この回で習った漢字をつかった言葉です。）

① せいりをする**にもつ**がおおい。

② さいたま**けん**にかかるはしをとおる。

③ **いた**にこまかいもようをいれる。

④ **きゅうしゅう**のまつりをしらべる。

⑤ **てつ**でできたどうぐをつかう。

⑥ **ひつじ**のけでようふくをつくる。

六　つたえたいことの中心を明らかにして書こう

きほんのワーク

強く心にのこっていることを
漢字の広場⑥　二つの漢字の組み合わせ／二年生で学んだ漢字⑥

教科書 下98～106ページ

勉強した日　月　日

◆「読み方」の赤い字は教科書で使われている読みです。はまちがえやすい漢字です。

強く心にのこっていることを

99ページ

族　かたへん

（立てる／つき出さない／はねる／はらう）

読み方　ゾク　—

使い方　家族《かぞく》・親族《しんぞく》・水族館《すいぞくかん》

11画

形のにている漢字。
族（ゾク）　れい　家族
旅（リョ）　れい　旅行

注意！

99ページ

配　とりへん

（あける／はねる／わすれない）

読み方　ハイ　くばる

使い方　心配《しんぱい》・配送《はいそう》　プリントを配《くば》る

10画

漢字の広場⑥　二つの漢字の組み合わせ

漢字の意味。
「配」には、いろいろな意味があるよ。
①くばる。わりあてる。れい　配達《たつ》・分配
②ならべる。組み合わせる。れい　配色・配列
③したがえる。れい　配下・支《し》配

漢字の意味

105ページ

畑　た

（とめる）

読み方　—　はた・はたけ

使い方　田畑《たはた》・畑作《はたさく》　畑《はたけ》をたがやす・麦畑《むぎばたけ》

9画

漢字のでき方。
「畑」は「火」と「田」を組み合わせた漢字だね。
火でやいて開いたところという意味だよ。

でき方

105ページ

軽 くるまへん

読み方

ケイ

かるい・（かろやか）

使い方

軽重《けいちょう》・軽食《けいしょく》・軽自動車《けいじどうしゃ》

軽《かる》い荷物・身が軽《かる》い

軽 軽 軽 軽 軽 軽 軽 軽 軽 軽 軽 軽

12画

形のにている漢字。

軽（かる-い） れい 軽いかばん。

転（ころ-がる） れい ボールが転がる。

注意！

105ページ

勝 ちから

読み方

ショウ

かつ・（まさる）

使い方

勝者《しょうしゃ》・勝負《しょうぶ》・決勝《けっしょう》

てきに勝《か》つ・勝《か》ち負け

勝 勝 勝 勝 勝 勝 勝 勝 勝 勝 勝 勝

12画

反対の意味の言葉。

勝つ↔負ける　軽い↔重い

合わせて「勝負」「軽重」という言葉になるよ。

おぼえよう！

105ページ

酒 ひよみのとり

読み方

シュ

さけ・さか

使い方

ぶどう酒《しゅ》

酒《さけ》を飲む・酒場《さかば》・酒屋《さかや》

酒 酒 酒 酒 酒 酒 酒 酒 酒 酒

10画

漢字の形に注意。

○ 酒 右がわの部分を「西」と書かないようにしよう。

× 洒

注意！

新しい読み方をおぼえる漢字

105ページ	
畑《はたけ》	畑《はたけ》
105	
軽《ケイ》	軽重《けいちょう》

ものしりメモ

「酉」（ひよみのとり）は「酒を入れるつぼ」の形を表していて、酒に関《かん》係のある漢字につくよ。
「酒」は「氵」（さんずい）ではなく「酉」の漢字の仲《なか》間だよ。

練習のワーク

強く心にのこっていることを
漢字の広場⑥　二つの漢字の組み合わせ／二年生で学んだ漢字⑥

教科書 ㊦98～106ページ
答え 7ページ

勉強した日　月　日

1 新しい漢字を読みましょう。

① 98ページ 家族（　　）につたえる。

② かめの様子を心配（　　）する。

③ 104ページ 田畑（　　）が広がる。

④ 畑（　　）の草むしりをする。

⑤ 軽（　　）い荷物を運ぶ。

⑥ 人の命に軽重（　　）はない。

⑦ 試《し》合に勝（　　）つ。

⑧ 酒（　　）の入った料《りょう》理。

ここからはってん

✿⑨ えんぴつを配（　　）る。

✿⑩ サッカーで勝負（　　）する。

✿⑪ ぶどう酒（　　）を買う。

✿⑫ 酒屋（　　）ではたらく。

2 新しい漢字を書きましょう。〔　〕は、送りがなも書きましょう。

① 98ページ □□（かぞく）に協《きょう》力する。

② 先のことを□□（しんぱい）する。

③ 104ページ □□（たはた）をたがやす。

✿の漢字は新出漢字のべつの読み方です。

④ □《はたけ》にやさいを植える。

⑤ 体が〔　　〕《かるい》。

⑥ ことの□《けい》□《ちょう》は問わない。

⑦ じゃんけんで〔　　〕《かつ》。

⑧ 父は□《さけ》に強い。

ここからはってん

✿⑨ トマトのできに気を□《くば》る。

✿⑩ 実力で□《しょう》□《ぶ》する。

✿⑪ ぶどう□《しゅ》をのむ。

✿⑫ □《さか》□《や》でビールをかう。

3 漢字で書きましょう。（～～は、送りがなも書きましょう。太字は、この回で習った漢字を使った言葉です。）

① **かぞく**でゆうえんちにいく。

② こくごのてんすうを**しんぱい**する。

③ **たはた**でさくもつをそだてる。

④ みもこころも**かるい**。

⑤ やきゅうのたいかいで**かつ**。

⑥ じんじゃのまつりで**さけ**をのむ。

4 二年生で学んだ漢字

二年生で習った漢字を書きましょう。〔　〕は、送りがなも書きましょう。

① □□《ちず》で調べる。

② □□□□《とうざいなんぼく》。

③ □□《こうばん》のおまわりさん。

④ □□《ちかみち》を使う。

⑤ 駅まで〔　〕《とおい》。

⑥ 庭を〔　〕《あるく》。

⑦ □□《かいしゃ》にいく。

⑧ 目の前を〔　〕《とおる》。

⑨ □□《せんとう》を走る。

⑩ □《いえ》に帰る。

⑪ □□《のはら》であそぶ。

⑫ 犬の〔　〕《なき》□《ごえ》。

⑬ □□《いちば》で魚を仕入れる。

⑭ にもつが〔　〕《おおい》。

⑮ 客が〔　〕《すくない》。

⑯ □《みせ》のレジ係。

⑰ □□□《いちまんえん》を出す。

⑱ 正しく□□《けいさん》する。

⑲ 商品を〔　〕《うる》。

⑳ ペンを〔　〕《かう》。

きほんのワーク

おにたのぼうし

教科書 ㊦108〜123ページ

勉強した日　月　日

おにたのぼうし

◆「読み方」の赤い字は教科書で使われている読みです。●●はまちがえやすい漢字です。

108ページ

君　くち

（つき出さない・つき出す・はらう）

読み方　クン　きみ

使い方　まこと君《くん》・君主《くんしゅ》　父君母君《ちちぎみははぎみ》・君《きみ》とぼく

君君君君君君君

7画

漢字の形に注意。

○　君　横の画が右につきぬけるように。

×　君　たての画が上につきぬけないように。

108ページ

福　しめすへん

（あける・少し大きく・とめる）

読み方　フク　―

使い方　福《ふく》は内・幸福《こうふく》

福福福福福福福福福福福福福

13画

109ページ

去　む

（下を長く・とめる）

読み方　キョ・コ　さる

使い方　去年《きょねん》・消去《しょうきょ》・過去《かこ》　すぎ去《さ》る

去去去去去

5画

「ネ」のつく漢字。

「ネ」は、「示」がもとになっていて、神様に関係《かん》のある漢字につくよ。

「ネ」のつく漢字…神　社　礼　福　など。

漢字の意味。

「去」には、いろいろな意味があるよ。

①さる。はなれてゆく。　れい　去年・過去《か》

②とりのぞく。　れい　除去《じょ》・消去

③死ぬ。なくなる。　れい　死去・卒去《そっ》

109ページ

拾　てへん

拾（つける・はらう・はねる・よこに書く）

読み方

（シュウ）（ジュウ）

ひろう

使い方

石を拾《ひろ》う・ごみ拾《ひろ》い

拾拾拾拾拾拾拾拾拾

9画

漢字のでき方。

拾

「扌」（手）＋「合」（あつめること）。「手でひろいあつめる」という意味を表しているよ。

でき方

110ページ

悪　こころ

悪（長く・はねる・とめる・まげる）

読み方

アク・（オ）

わるい

使い方

悪人《あくにん》・悪用《あくよう》

天気が悪《わる》い・悪口《わるぐち》

悪悪悪悪悪悪悪悪悪悪悪

11画

漢字の形に注意。

悪

上の部分は「西」ではなく「亜」だよ。七画めの横ぼうをわすれないでね。

注意！

111ページ

息　こころ

息（とめる・はねる・まげる）

読み方

ソク

いき

使い方

生息《せいそく》・利息《りそく》

息《いき》をすう・鼻息《はないき》

息息息息息息息息息息

10画

「息」を使った慣用句《かんようく》。

息が合う…気持ちが合う。

息をつく…ほっとひと休みする。

息をのむ…はっとする。おどろく。

おぼえよう！

122ページ

波　さんずい

波（あける・はねる・はらう）

読み方

ハ

なみ

使い方

音波《おんぱ》・電波《でんぱ》

波音《なみおと》・波打《なみう》ちぎわ

波波波波波波波波

8画

漢字の形に注意。

波

右がわの部分は「皮」だよ。「服」、「板」の右がわとのちがいに注意しよう。

注意！

ものしりメモ

「亜」「自」「相」「音」。これらの部分に共通《きょうつう》する部分をつけて、学習した漢字を作ってみよう。共通する部分はわかったかな？　答えは「心」（こころ）だよ。

練習のワーク

おにたのぼうし

教科書 下108〜123ページ
答え 8ページ

勉強した日　月　日

1 新しい漢字を読みましょう。

① 108ページ まこと君（　）が豆をまく。
② 福（　）は内、おには外。
③ 去年（　）の春。
④ ビー玉を拾（　）う。
⑤ 悪（　）いおに。
⑥ 白い息（　）をはく。
⑦ 波音（　）が聞こえる。
✿⑧ ここからはってん 君（　）の名前を知る。
✿⑨ 過《か》去（　）の話。
✿⑩ きせつがすぎ去（　）る。
✿⑪ 悪人（　）をつかまえる。
✿⑫ 動植物が生息（　）する。
✿⑬ 電波（　）がとどく。

2 新しい漢字を書きましょう。〔　〕は、送りがなも書きましょう。

① 108ページ まこと□《くん》と遊ぶ。
② □《ふく》をまねくお守り。
③ □□《きょねん》のできごと。

✿の漢字は新出漢字のべつの読み方です。

④ さいふを〔　　〕《ひろう》。

⑤ ピアノの調子が〔　　〕《わるい》。

⑥ □《いき》をつくひまもない。

⑦ □□《なみおと》が耳にとどく。

ここからはってん

✿⑧ □《きみ》の考えをきく。

✿⑨ 過《か》□《こ》のニュース。

✿⑩ 三か月がすぎ□《さ》る。

✿⑪ □□《あくにん》をたおす。

✿⑫ 野鳥が□□《せいそく》する森。

✿⑬ ラジオの□□《でんぱ》。

3 漢字で書きましょう。（〰は、送りがなも書きましょう。太字は、この回で習った漢字を使った言葉です。）

① **ふく**のかみをまつる。

② **きょねん**とったしゃしんをみる。

③ えきでほんを**ひろう**。

④ つぎのにちようはつごうが**わるい**。

⑤ うんどうをして**いき**がきれる。

⑥ **なみおと**がきこえるばしょにすむ。

3年 仕上げのテスト

答え 8ページ

時間 20分

とく点　　/100点

勉強した日　　月　日

1 ――線の漢字の読み方を書きましょう。 一つ1（14点）

① 開会式を始（　　）める時間を決（　　）める。

② 七夕（　　）祭りで使（　　）うかざりを用意する。

③ 今年（　　）さいしょの委員会（　　）を開く。

④ 宮（　　）でんによばれて笛（　　）をふく。

⑤ 九州（　　）まで荷物（　　）を運ぶ。

⑥ 遠くに住む家族（　　）を心配（　　）する。

⑦ 去年（　　）海岸のごみを拾（　　）う活動をした。

2 □に漢字を書きましょう。 一つ2（28点）

① □□《てちょう》に書く。

② □□《れっしゃ》が通る。

③ ゆうびん□《きょく》。

④ □□《あんてい》する。

⑤ バスの□□《しゃこ》。

⑥ 小さな□□《しまぐに》。

⑦ 木の□《いた》を切る。

⑧ □□《ななかい》の部屋。

⑨ □《てつ》でできた橋。

⑩ □□□《さんがっき》。

⑪ □《ひつじ》をかう。

⑫ □《はたけ》をたがやす。

⑬ お□《さけ》をつくる。

⑭ □□《なみおと》を聞く。

3

――線の言葉を、漢字と送りがなで書きましょう。　一つ2（10点）

① 気持ちをあらわす。　□

② つくえの上をととのえる。　□

③ ルールをさだめる。　□

④ 宿題がおわる。　□

⑤ 体調がわるい。　□

4

住所に関係《かん》のある漢字を、□に書きましょう。　一つ1（3点）

① 東京《とうきょう》□（と）

② 埼玉《さいたま》□（けん）

③ 文京《ぶんきょう》□（く）

5

次の漢字の赤字の部分は、何画めに書きますか。（　）に数字で書きましょう。　一つ1（2点）

① 悲（　　）画め

② 乗（　　）画め

6

とくべつな読み方の言葉を、□に漢字で書きましょう。　一つ2（8点）

① □□（けさ）

② □□（きょう）

③ □□（あす）

④ □□（とけい）

7

□に同じ音《おん》読みをする漢字を書きましょう。　一つ1（6点）

① フク
1 みんなの幸□をいのる。
2 きれいな洋□を着る。

② ショウ
1 新しい□品を買う。
2 美しい文□を書く。

③ シン
1 □夜に目がさめる。
2 友人に□相をたずねる。

8 漢字二字の言葉が二つずつできるように、□にあてはまるものを□からえらび、漢字に直して書きましょう。 一つ1(3点)

① □（部・員）
② □（石・馬）
③ （休・生）□

| らく | そく | ぜん |

9 次の漢字と反対のいみになる漢字を組み合わせて、できた言葉を書きましょう。 一つ2(8点)

① 苦……□□
② 生……□□
③ 負……□□
④ 重……□□

10 □にあてはまる漢字を□からえらんで書き、漢字二字の言葉を作りましょう。 一つ1(4点)

① □石
② 集□
③ □食
④ □主

| 君 | 合 | 飲 | 岩 |

11 次の部分と組み合わせることのできる部分を□からえらんで漢字を作り、□に書きましょう。 一つ1(8点)

① 木 □□　月 反 主 旨 台
② 心 □□　正 何 相 羊 音
③ 广 □□　廷 谷 大 寺 車
④ 攵 □□　軍 方 孝 月 彦

12 次の漢字の二通りの読み方を書きましょう。 一つ1(6点)

① 屋
1 屋上にいる。（　）
2 祭りの屋台。（　）

② 路
1 長い水路がある。（　）
2 家路につく。（　）

③ 指
1 進行役を指名する。（　）
2 南の方角を指す。（　）

教科書ワーク

答えとてびき

「答えとてびき」は、とりはずすことができます。

教育出版版

漢字 3 年

使い方

まちがえた問題《もんだい》は確実《かくじつ》に書けるまで、くり返《かえ》し書いて練習《れんしゅう》することが大切です。この本で、教科書に出てくる漢《かん》字の使《つか》い方をおぼえて、漢字の力を身《み》につけましょう。

● 教科書 ひろがる言葉 小学国語三上

白い花びら 「発見ノート」

5~7ページ 練習のワーク

❶ ①ひら ②かえ ③へんじ ④どうぶつ ⑤の ⑥のぼ ⑦しゅじんこう ⑧うご ⑨あ ⑩きょう ⑪とうじょう ⑫ものがたり ⑬はし ⑭かわぎし ⑮はっけん ⑯よそう ⑰しら ⑱ことば ⑲あらわ ⑳りゆう ㉑たいおん ㉒ちょう ㉓はっぴょう ㉔こと ㉕さくもつ ㉖とざん ㉗かいがん ㉘おもて ㉙ゆらい ㉚あたた

❷ ①開く ②返る ③返事 ④動物 ⑤乗る ⑥登る ⑦主人公 ⑧動く ⑨開ける ⑩今日 ⑪登場 ⑫物語 ⑬橋 ⑭川岸 ⑮発見 ⑯予想 ⑰調べる ⑱言葉 ⑲表す ⑳理由 ㉑体温 ㉒調 ㉓発表 ㉔事 ㉕海岸 ㉖表 ㉗由来 ㉘温

❸ ①元気のよい返事が聞こえる。
②動物の体温は高い。
③夏の山に登る。
④くまの足あとを発見する。
⑤天気の予想が当たる。
⑥かぜを理由に学校を休む。

言葉の広場① 国語辞典のつかい方 わたしのたからもの 漢字の広場① 漢字学習ノート ほか

11~13ページ 練習のワーク

❶ ①かんじ ②いみ ③あじ ④きごう ⑤おも ⑥と ⑦れんしゅう ⑧かん ⑨うんどう ⑩どうてん ⑪あつ ⑫ぶんしゅう ⑬たいじゅう ⑭ちょう(じゅう) ⑮かさ ⑯もん ⑰とん ⑱ね ⑲なら ⑳はこ ㉑ころ

❷ ①漢字 ②意味 ③味 ④記号 ⑤重い ⑥問う ⑦練習 ⑧感 ⑨運動 ⑩動転 ⑪集める ⑫文集 ⑬重 ⑭練 ⑮運

❸ ①漢字の練習をする。
②言葉の意味を調べる。
③地図の記号を教わる。

❹ ①毎年 ②春 ③風 ④明るい ⑤晴天 ⑥汽車 ⑦門 ⑧寺 ⑨太い ⑩細い ⑪同じ ⑫回る ⑬池 ⑭読む ⑮知る ⑯首 ⑰顔 ⑱楽しい ⑲広場 ⑳話す ㉑親友 ㉒歌う ㉓食べる

うめぼしのはたらき／めだか 読書の広場① 本をさがそう

17・18ページ 練習のワーク

❶
①み ②しょうか ③すいめん
④およ ⑤み ⑥まも ⑦だいいち
⑧つぎつぎ ⑨し ⑩よんじゅうど
⑪なが ⑫けんきゅう ⑬じゅうびょう
⑭しょうわ ⑮としょかん ⑯け ⑰ば
⑱すいえい ⑲しんちょう ⑳もくじ
㉑でんりゅう

❷
①実 ②消化 ③水面 ④泳ぐ ⑤身
⑥守る ⑦第一 ⑧次々（次次）
⑨死ぬ ⑩四十度 ⑪流す ⑫研究
⑬十秒 ⑭昭和 ⑮図書館

❸
①水面からかめが顔を出す。
②夏休みに海で泳ぐ。
③学校で音楽を流す。

クラスの「生き物ブック」 漢字の広場② 漢字の音と訓 二年生で学んだ漢字②

22～25ページ 練習のワーク

❶
①ぶんしょう ②ぜんたい ③だいめい
④かわ ⑤あいて ⑥こうてい ⑦にわ
⑧じんめい ⑨いのち ⑩すみ
⑪もくたん ⑫しな ⑬しょくひん
⑭たい ⑮ひら ⑯さら ⑰びょうどう
⑱へいわ ⑲か ⑳まった ㉑ひにく
㉒そう ㉓ひと ㉔じだい

❷
①文章 ②全体 ③題名 ④皮 ⑤相手
⑥校庭 ⑦庭 ⑧人命 ⑨命 ⑩炭
⑪木炭 ⑫品 ⑬食品 ⑭平ら ⑮平
⑯皿 ⑰平等 ⑱平和 ⑲代える
⑳全 ㉑皮肉 ㉒相 ㉓等 ㉔時代

❸
①感動てきな文章を読む。
②物語の題名を知る。
③校庭で友人と話す。
④人命を第一に考える。
⑤木炭を集める。
⑥市場で食品を売る。

❹
①夏 ②朝 ③光る ④魚 ⑤船 ⑥海
⑦半 ⑧岩 ⑨午前 ⑩昼 ⑪午後
⑫高い ⑬雲 ⑭小麦色 ⑮兄 ⑯妹
⑰姉 ⑱弟 ⑲星 ⑳夜 ㉑自分
㉒思い ㉓公園 ㉔書く ㉕日記

紙ひこうき、きみへ

28・29ページ 練習のワーク

❶
①つ ②きゃく ③ま ④きも
⑤どうぐ ⑥と ⑦たび ⑧ようす
⑨かな ⑩けさ ⑪りょこう ⑫ぶ
⑬や ⑭ちゃくち ⑮き ⑯たい ⑰じ
⑱せんしゅてん ⑲おうさま ⑳ひめい
㉑おくじょう

❷
①着く ②客 ③待つ ④気持ち
⑤道具 ⑥取る ⑦旅 ⑧様子
⑨悲しい ⑩今朝 ⑪旅行 ⑫部
⑬屋 ⑭着 ⑮悲鳴

❸
①電車が来るのを待つ。
②悲しい気持ちを表す。
③姉と旅行を計画する。

夏休み まとめのテスト①・②

30・31ページ まとめのテスト❶

1
①どうぶつ・の
②ものがたり・しゅじんこう
③かわぎし・はし ④よそう・あらわ
⑤ことば・しら ⑥かんじ・いみ
⑦うんどう・かん

2
①開く ②返事 ③返る ④登る
⑤発見 ⑥理由 ⑦体温 ⑧記号
⑨重い ⑩問う ⑪練習 ⑫集める
⑬実 ⑭消化

3
①悲しむ ②全く ③転がす ④流れる
⑤着せる ⑥消える

4 ①1つぎ　2じ　②1へい　2たい

5 ①重　②守　③死　④温

6 ①問　②章　③炭　④昭　⑤等　⑥相

7 ①ア　②イ

てびき

1 ③「川岸」の「岸」は、「ぎし」とにごって読みます。前につく漢字で読み方がかわる場合があることをおぼえておきましょう。

2 ③「返る」は「よびかけなどにこたえること」です。「代える(やくめをほかのものにさせる)」や「帰る(人などが元の場所《しょ》にもどる)」とつかい分けができるようにしましょう。

⑨「重」には、「おも(い)」のほかに、「え」や「かさ(ねる)」などの訓《くん》読みもあります。

⑭「消化」を「消火」と書かないように気をつけましょう。食べたものを、体の中に取りこみやすいものにする意味のときは、「消化」をつかいます。

3 おくりがなのまちがいに気をつけましょう。①は「悲む」「悲なしむ」としないようにしましょう。

②「全」には、「まった(く)」のほかに、「すべ(て)」という訓読みもあります。おくりがながかわると読み方も意味もかわるのでちゅういしましょう。

⑥「消」には、「き(える)」のほかに、「け(す)」という訓読みもあります。

4 ②「平」には、ほかにも「平等(びょうどう)」「平たい(ひらたい)」という読み方があります。いっしょにおぼえておきましょう。

7 ②「皮」は、書きはじめのひつじゅんにちゅういしましょう。よこ画ではなく、たて画から書きはじめます。

32・33ページ　まとめのテスト②

1 ①すいめん・およ　②み・まも　③しょうわ・けんきゅう　④ぶんしょう・だいめい　⑤しょくひん・さら　⑥きゃく・きも　⑦どうぐ・と

2 ①第一　②次々(次次)　③四十度　④十秒　⑤図書館　⑥皮　⑦相手　⑧平　⑨着く　⑩待つ　⑪様子　⑫悲しい　⑬部　⑭屋

3 ①化ける　②開ける　③動かす　④温める　⑤代える

4 ①1問　2門　②1化　2火

5 ①命　②炭　③旅　④事　⑤庭　⑥等

6 ①流　②物　③味　④転

てびき

1 ②「身」は、ここでは「み」と訓《くん》読みします。「身」とは「からだ」のことです。

2 ①「第」を「弟」としないようにしましょう。

⑤「図書館」の「館」の左がわは「食」です。「食」としないように気をつけましょう。

⑨「着」の上の部分は、左はらいをわすれないように書きましょう。また、下の部分の「目」を「日」としないようにちゅういしましょう。

⑩「待つ」を「持つ」としないようにしましょう。

3 おくりがなのまちがいに気をつけましょう。①を「化る」、③を「動ごかす」「動す」、④を「温ためる」「温る」としないようにしましょう。

②「開」には、「あ(ける)」のほかに、「ひら(く)」という訓読みもあります。

⑤おくりがなは「代える」です。同じ読み方をする「帰る」「返る」とまちがえないように気をつけましょう。

4 漢字の意味を考えて、正しくつかい分けましょう。

6 読み方にも気をつけて、言葉ができる組み合わせをさがしましょう。

「りす公園」はどこにある？ 取材したことをほうこく文に 自分の気持ちを手紙に

37・38ページ 練習のワーク

❶
①あそ ②えき ③ま ④やおや
⑤しごと ⑥しゃしん ⑦れい ⑧やすう
⑨しょうひん ⑩てんいん ⑪く ⑫もう
⑬おく ⑭ばしょ ⑮いっちょうめ
⑯じゅうしょ ⑰ゆうえんち
⑱さっきょく ⑲つか ⑳うつ ㉑まなつ
㉒あんしん ㉓はっそう ㉔す

❷
①遊ぶ ②駅 ③曲がる ④八百屋
⑤仕事 ⑥写真 ⑦礼 ⑧安売り ⑨商品
⑩店員 ⑪区 ⑫申し ⑬送る ⑭場所
⑮一丁目 ⑯住所 ⑰遊園地 ⑱写
⑲真夏 ⑳発送 ㉑住

漢字の広場③ 送りがな 二年生で学んだ漢字③

41〜43ページ 練習のワーク

❶
①う ②の ③ま ④あつ ⑤くら
⑥あす（みょうにち） ⑦ようふく
⑧そだ ⑨そだ ⑩はぐく ⑪くる
⑫にが ⑬くすり ⑭だ
⑮いんしょくてん ⑯お
⑰しょちゅう ⑱あんき ⑲たいいく
⑳くらく ㉑やっ

❷
①打つ ②飲む ③負ける ④暑い
⑤暗い ⑥明日 ⑦洋服 ⑧育つ
⑨育てる ⑩育む ⑪苦しい ⑫苦い
⑬薬 ⑭打 ⑮負

❸
①自分のせきでお茶を飲む。
②夏は朝から暑い。
③暗い夜の川岸を歩く。

❹
①羽 ②鳥 ③秋 ④京 ⑤谷 ⑥山里
⑦牛 ⑧馬 ⑨行く ⑩帰る ⑪止まる
⑫走る ⑬元気 ⑭丸い ⑮中心
⑯当たる ⑰弓矢 ⑱引く ⑲何回
⑳弱い ㉑強い ㉒天才

わすれられないおくりもの 言葉の文化① 俳句に親しむ 言葉の文化② きせつの言葉を集めよう

47〜49ページ 練習のワーク

❶
①たす ②む ③しあわ ④へや ⑤お
⑥む ⑦はや ⑧もの ⑨さむ ⑩お
⑪ほうこう ⑫ちゅうおう ⑬たいよう
⑭なつごおり ⑮ゆうめい
⑯どうしょくぶつ ⑰しんりょく ⑱まつ
⑲ゆ ⑳まめ ㉑しき ㉒じょしゅ
㉓こううん ㉔そくど ㉕ひょうざん
㉖あ ㉗う

❷
①助ける ②向こう ③幸せ ④部屋
⑤終える ⑥向かう ⑦速い ⑧者
⑨寒い ⑩終わる ⑪方向 ⑫中央
⑬太陽 ⑭夏氷 ⑮有名 ⑯動植物
⑰新緑 ⑱祭り ⑲湯 ⑳豆 ㉑式
㉒助手 ㉓幸運 ㉔速度 ㉕氷山
㉖有 ㉗植

❸
①向こうの薬屋まで走る。
②クラスで一番足が速い。
③明るい太陽の光。
④有名な日本の絵本作家。
⑤動植物を研究する。
⑥新緑の公園を歩く。

●教科書 ひろがる言葉 小学国語三下

世界の人につたわるように くらしと絵文字

52・53ページ 練習のワーク

❶
①せかい ②ちゅうい ③すす ④ゆび
⑤やくだ ⑥くうこう ⑦はこ ⑧ふか
⑨びょういん ⑩きょうと ⑪ふか
⑫よ ⑬そそ ⑭しめい ⑮みなとまち
⑯すいしん ⑰つごう ⑱みやこ

❷
①世界 ②注意 ③進む ④指 ⑤役立つ
⑥空港 ⑦箱 ⑧深める ⑨病院 ⑩京都
⑪深い ⑫世 ⑬注 ⑭指名 ⑮港町

⑯水深　⑰都合　⑱都

❸
①世界の気温を調べる。
②あついお湯に注意する。
③空港に集合する。

わたしたちの絵文字
言葉の広場④ 気持ちをつたえる話し方・聞き方
漢字の広場④ へんとつくり ほか

57～60ページ 練習のワーク

❶
①はんたい　②せいり　③う　④がっきゅうかつどう　⑤よこ　⑥どうわ　⑦たいだん　⑧はしら　⑨でんちゅう　⑩きゅうぎょう　⑪にばい　⑫とうしゅ　⑬とうきゅう　⑭な　⑮しゅくだい　⑯べんきょう　⑰ほうそう　⑱てばな　⑲そ　⑳ととの　㉑じゅ　㉒おうてん　㉓たま　㉔やどや

❷
①反対　②整理　③受ける　④学級活動　⑤横　⑥童話　⑦対談　⑧柱　⑨電柱　⑩休業　⑪二倍　⑫投手　⑬投球　⑭投げ　⑮宿題　⑯勉強　⑰放送　⑱放す　⑲反　⑳整　㉑受　㉒横転　㉓球　㉔宿屋

❸
①相手の意見に反対する。
②多くの教科書を整理する。
③先生からの電話を受ける。
④家の横にある肉屋。
⑤童話の登場人物。

⑥高い柱が強風でおれる。
⑦二倍の申しこみがある。
⑧投球の練習をする。
⑨宿題が全部終わる。

❹
①図画工作　②絵　③画用紙　④直線　⑤切る　⑥茶　⑦黒　⑧三角形　⑨黄色　⑩考える　⑪長方形　⑫組み　⑬答え・合わせ　⑭教室　⑮言う　⑯時間　⑰国語　⑱体育　⑲理科　⑳点数

モチモチの木
読書の広場③ 「おすすめ図書カード」を作ろう

64・65ページ 練習のワーク

❶
①りょうて　②お　③お　④お　⑤はな　⑥お　⑦かみさま　⑧は　⑨いしゃ　⑩さかみち　⑪ち　⑫たにん　⑬お　⑭ぎんこういん　⑮あぶら　⑯としょがかり　⑰とけい　⑱じんじゃ

❷
①両手　②追う　③落とす　④落ちる　⑤鼻　⑥起きる　⑦神様　⑧歯　⑨医者　⑩坂道　⑪血　⑫他人　⑬起こす　⑭銀行員　⑮油　⑯図書係　⑰時計　⑱神社

❸
①大事な本を落とす。
②ぞうが長い鼻を動かす。
③有名な病院の医者。

言葉の広場⑤ こそあど言葉
はっとしたことを詩に
言葉の文化③ ことわざ・慣用句

68・69ページ 練習のワーク

❶
①のうか　②みずうみ　③うつく　④し　⑤みじか　⑥むかし　⑦ふで　⑧いそ　⑨ね　⑩こめん　⑪びか　⑫たんぶん　⑬もうひつ　⑭きゅうよう　⑮こんき

❷
①農家　②湖　③美しい　④詩　⑤短い　⑥昔　⑦筆　⑧急ぐ　⑨根　⑩短文　⑪毛筆　⑫急用

❸
①湖のそばの店で買う。
②美しい山を守る。　③文章や詩を書く。
④短い時間で行ける場所。
⑤昔のおとぎ話を聞く。
⑥駅までの道を急ぐ。

冬休み　まとめのテスト①・②

70・71ページ まとめのテスト❶

1
①えき・あそ　②やおや・ま
③てんいん・しごと
④やす・しょうひん
⑤く・おく　⑥あす（みょうにち）・あつ
⑦へや・お

2
①写真 ②申し ③一丁目 ④住所
⑤洋服 ⑥速い ⑦者 ⑧中央 ⑨太陽
⑩夏氷 ⑪有名 ⑫新緑 ⑬豆 ⑭式

3
①助ける ②向こう ③美しい ④起きる
⑤受ける

4
①扌・てへん ②氵・さんずい
③亻・にんべん

5
①短い ②寒い ③深い ④暗い

6
①1役 2薬 ②1負 2追

てびき

1 ②「八百屋」や⑦「部屋」は、とくべつな読み方の言葉です。漢字一字ずつではなく全体で読むようにしましょう。
③「店員」は「てんいん」と読みます。「ていいん」と読まないようにしましょう。

2 ③「一丁目」を「一町目」と書かないように気をつけましょう。
⑤「服」の右がわの部分の形に気をつけて書きましょう。
⑨「陽」の左がわは「阝」（こざとへん）で、三画で書きます。
⑩「氷」は二画めの点を書きわすれないように気をつけましょう。
⑫「緑」の右下は、「氺」と書きます。「水」と書かないようにしましょう。

3 送りがなのまちがいに気をつけましょう。①は「助る」「助すける」、②は「向う」、④は「起る」、⑤は「受る」としないようにしましょう。
③「美しい」のような様子を表す言葉には、「しい」を送りがなとするものが多くあります。「悲しい」、「楽しい」などもいっしょにおぼえておきましょう。

4 漢字を左と右の部分に分けた場合、左がわの部分を「へん」、右がわの部分を「つくり」といいます。へんをつけると、①は「持」「打」「投」という漢字に、②は「活」「油」「洋」という漢字に、③は「係」「他」「倍」という漢字になります。

5 ①「長短」、②「寒暑」、④「明暗」と、反対の意味の漢字を組み合わせた言葉を作ることができます。

6 漢字の意味を考えて、正しく書き分けましょう。
②1「負う」は「体に受ける」という意味、2「追う」は「おいかける」という意味でつかいます。

72・73ページ まとめのテスト②

1
①ゆび・すす ②くうこう・びょういん
③はんたい・せいり
④にばい・べんきょう ⑤りょうて・お
⑥は・ち ⑦みずうみ・のうか

2
①世界 ②横 ③童話 ④柱
⑤休業 ⑥投球 ⑦宿題 ⑧鼻
⑨医者 ⑩坂道 ⑪他人 ⑫銀行員
⑬油 ⑭根

3
①放つ ②幸せ ③急ぐ ④植える
⑤苦い

4
①詩・読 ②湯・注 ③神・礼

5
①4(四) ②1(一)

6
①1はぐく 2いく 3そだ
②1と 2つ 3みやこ

7
①服 ②飲 ③級 ④仕

てびき

1 ⑦「湖」の読み方は「みずうみ」と書きます。「みづうみ」としないようにしましょう。

2 ①「世」の筆順《じゅん》に気をつけて書きましょう。
⑧「鼻」の上の部分は「自」です。「白」としないようにしましょう。

3 送りがなのまちがいに気をつけましょう。①は「放なつ」、②は「幸わせ」「幸あわせ」、③は「急そぐ」、④は「植る」としないようにしましょう。
⑤「苦」は、「くる(しい)」という訓読《くん》みもあり、その場合は「しい」と送りが

なをつけることもいっしょにおぼえておきましょう。

4 ①の「言」（ごんべん）は言葉に、②の「氵」（さんずい）は水に、③の「ネ」（しめすへん）は神や祭りに関《かん》係のある漢字につきます。

5 ①「区」はまわりの「匚」を先に書いてしまわないよう気をつけましょう。

7 左右に組み合わせて、正しい漢字を作ります。

ちいきの行事 言葉の広場⑥ 文の組み立て 漢字の広場⑤ 漢字の組み立て ほか

77～80ページ 練習のワーク

1 ①き ②たなばた ③つか ④いいんかい ⑤はじ ⑥ことし ⑦てちょう ⑧れっしゃ ⑨きょく ⑩ふえ ⑪きゅう ⑫あんてい ⑬さだ ⑭しゃこ ⑮しまぐに ⑯けつい ⑰しよう ⑱ゆだ ⑲しどう ⑳きてき ㉑みやだいく ㉒じょう ㉓さだ ㉔れっとう

2 ①決める ②七夕 ③使う ④委員会 ⑤始める ⑥今年 ⑦手帳 ⑧列車 ⑨局 ⑩笛 ⑪宮 ⑫安定 ⑬定める ⑭車庫 ⑮島国 ⑯決意 ⑰使用 ⑱委 ⑲始動 ⑳汽笛 ㉑宮大工 ㉒定 ㉓定 ㉔列島

3 ①文化祭の出し物を決める。 ②図書館の本を使う。 ③妹が水泳を始める。 ④新しい手帳を開く。 ⑤列車が駅に着く。 ⑥ゆうびん局で切手を買う。 ⑦笛の合図で入場する。 ⑧島国の長所を知る。

4 ①戸 ②今週 ③来週 ④電話 ⑤曜日 ⑥古時計 ⑦雪 ⑧外 ⑨内 ⑩冬 ⑪小刀 ⑫新聞 ⑬母 ⑭毛糸 ⑮生活 ⑯肉 ⑰台所 ⑱父 ⑲米

川をつなぐちえ 言葉の文化④ 十二支と月のよび名

83・84ページ 練習のワーク

1 ①すいろ ②にもつ ③けん ④いた ⑤ななかい ⑥きゅうしゅう ⑦てつ ⑧さんがっき ⑨ひつじ ⑩いえじ ⑪てっぱん ⑫ようもう

2 ①水路 ②荷物 ③県 ④板 ⑤七階 ⑥九州 ⑦鉄 ⑧三学期 ⑨羊 ⑩家路 ⑪鉄板 ⑫羊毛

3 ①整理をする荷物が多い。 ②さいたま県にかかる橋を通る。 ③板に細かいもようを入れる。 ④九州の祭りを調べる。 ⑤鉄でできた道具を使う。 ⑥羊の毛で洋服を作る。

強く心にのこっていることを 漢字の広場⑥ 二つの漢字の組み合わせ 二年生で学んだ漢字⑥

87～89ページ 練習のワーク

1 ①かぞく ②しんぱい ③たはた（でんぱた） ④はたけ ⑤かる ⑥けいちょう ⑦か ⑧さけ ⑨くば ⑩しょうぶ ⑪しゅ ⑫さかや

2 ①家族 ②心配 ③田畑 ④畑 ⑤軽い ⑥軽重 ⑦勝つ ⑧酒 ⑨配 ⑩勝負 ⑪酒 ⑫酒屋

3 ①家族で遊園地に行く。 ②国語の点数を心配する。 ③田畑で作物を育てる。 ④身も心も軽い。 ⑤野球の大会で勝つ。 ⑥神社の祭りで酒を飲む。

4 ①地図 ②東西南北 ③交番 ④近道 ⑤遠い ⑥歩く ⑦会社 ⑧通る ⑨先頭 ⑩家 ⑪野原 ⑫鳴き・声 ⑬市場 ⑭多い ⑮少ない ⑯店 ⑰一万円 ⑱計算 ⑲売る ⑳買う

おにたのぼうし

92・93ページ 練習のワーク

1
①くん ②ふく ③きょねん ④ひろ
⑤わる ⑥いき ⑦なみおと ⑧きみ
⑨こ ⑩さ ⑪あくにん ⑫せいそく
⑬でんぱ

2
①君 ②福 ③去年 ④拾う ⑤悪い
⑥息 ⑦波音 ⑧君 ⑨去 ⑩去 ⑪悪人
⑫生息 ⑬電波

3
①福の神を祭る。
②去年とった写真を見る。
③駅で本を拾う。
④次の日曜は都合が悪い。
⑤運動をして息が切れる。
⑥波音が聞こえる場所に住む

3年　仕上げのテスト

94～96ページ 仕上げのテスト

1
①はじ・き ②たなばた・つか
③ことし・いいんかい ④きゅう・ふえ
⑤きゅうしゅう・にもつ
⑥かぞく・しんぱい ⑦きょねん・ひろ

2
①手帳 ②列車 ③局 ④安定 ⑤車庫
⑥島国 ⑦板 ⑧七階 ⑨鉄 ⑩三学期
⑪羊 ⑫畑 ⑬酒 ⑭波音

3
①表す ②整える ③定める ④終わる
⑤悪い

4
①都 ②県 ③区

5
①1(一) ②5(五)

6
①今朝 ②今日 ③明日 ④時計

7
①1福 2服 ②1商 2章
③1深 2真

8
①全 ②落 ③息

9
①苦楽 ②生死 ③勝負 ④軽重

10
①岩 ②合 ③飲 ④君

11
(じゅんじょなし)①板・柱 ②想・意
③庭・庫 ④放・教

12
①1おく 2や ②1ろ 2じ
③1し 2さ

てびき

1 ⑤「物」には「モツ」のほかに、「ブツ」や「もの」という読み方もあります。正しく読み分けるようにしましょう。

2 ⑥「島」は「鳥」と形がにています。下の部分に気をつけて書きましょう。
⑧「七回」と書かないように気をつけましょう。たてものの重なりの一つ一つを数えるときは「階」と書きます。

3 ①は「表わす」「表らわす」、②は「整る」「整のえる」、③は「定る」「定だめる」としないようにしましょう。

4 住所に関《かん》係のある漢字はほかに、「市」(シ)、「町」(チョウ・まち)、「村」(ソン・むら)などがあります。

6 とくべつな読み方の言葉は、漢字一字ずつではなく、言葉全体で考えます。

8 ①～③の言葉は、どれも音読みするものです。□に「らく」「そく」「ぜん」を一つずつ入れて読んでみて、できる言葉を考えましょう。

9 できた言葉は、それぞれ①「くらく」、②「せいし」、③「しょうぶ」、④「けいちょう」と読みます。

3 2 1 0 9 8 7 6 5 4
＊ ＊ D C B A